サブジェクト・ライブラリアン
海の向こうアメリカの学術図書館の仕事

Subject Librarians : Unpacking Their Roles in American Academic Libraries

田中あずさ TANAKA AZUSA

笠間書院

サブジェクト・ライブラリアン

海の向こうアメリカの学術図書館の仕事

田中あずさ
Tanaka Azusa

目 次
Contents

② サブジェクト・ライブラリアンになるには……59

1. 募集要項から見る必要条件……59

（1）必要条件1―教育的な条件は何か
ライブラリー・スクールで MLS（図書館学修士）を取得するには／ライブラリー・スクールのプログラムの内容／ MLS（図書館学修士）はサブジェクト・ライブラリアンの就職に必要か／博士号を持つライブラリアンの苦悩
（2）必要条件2―スキルや経験としての条件は何か
1　協調性／2　コミュニケーション能力／3　言語も含めた担当学問領域の知識／4　研究活動への精通／5　自立・率先性／6　優先順位や問題解決能力を含むプロジェクト管理能力／7　テクノロジー／8　担当学問領域の出版事情・資料に精通している／9　デジタルリサーチ能力／10　サービス精神／11　課題のリサーチ能力／12　図書館分野職や図書館の勤務経験／13　多様性（Diversity）へのコミットメント／14　教室教育の経験／15　専門的能力の開発、学会やトレーニングへの参加が一般的、学会会員になること／16　コレクション構築／17　創造性／18　レファレンス経験／19　データ管理能力／20　自己やプロジェクトを評価する能力／21　適応性・柔軟性／22　ユーモアのセンス／23　図書館普及活動（マーケティングの能力）
（3）ライブラリアンになることを決めたら準備しておくこと
（4）募集はどこに出るのか
図書館勤務の経験の少ない新卒にぴったり「レジデンスプログラム」

2. 米国学術図書館への就職のプロセス―私の就職活動記から……88

1つ専門と呼べる分野の修士を持つべき／ワシントン大学図書館（セントルイス）の募集要項／選考はどのように進むか／履歴書と面接のプロセス／ワシントン大学図書館の面接プロセス／採用が決まったあと―条件交渉／引越しのサポート

3. おわりに……97

ライブラリアンになるのに向いている人は？

こんな研修でスキルを磨く……157

新しい職場ですぐに行ったこと／新しい職場に慣れるために役に立ったこと／さらなる情報やスキルの共有のために

立国会図書館・国際文化会館・国際交流基金などが共同で行なってきた「日本専門家ワークショップ（Japan Specialist Workshop）」／国立国会図書館「海外日本研究司書研修」／天理古典籍ワークショップ／韓国国立中央図書館・韓国国際交流財団共催「Workshop for Overseas Korean Librarians」

2. 職能を越えて受講できるリーダーシップ研修……163

Minnesota Institute for Early Career Librarians from Traditionally Underrepresented Groups（ミネソタ・インスティチュート）／ARL Digital Scholarship Institute（ARL デジタル・スカラーシップ研修）／Digital Humanities Summer Institute（デジタル・ヒューマニティーズ・サマー・インスティチュート）／Emerging Leaders Program（新生リーダシップログラム）／ALA Leadership Institute（ALA リーダーシップ・インスティチュート）

3. その他の研修・トレーニングプログラム……167

⑤

キャリアステップを知る……171

1. ライブラリアンの査定・昇級……171

ライブラリアンの等級の仕組み／ランク査定・昇級の流れ／ワシトン大学図書館でのテニュア（終身雇用）までの道／3 年目と 6 年目の査定で検討される項目—職員規約（Librarian Personnel Code）
(1) 期待される事項
1. 職能に関する知識をマスターしている／2. 図書館職員たち（同僚）や利用者と良い関係を築いている／3. 職務と差し迫ったニーズにクリエイティブに対応している／4. 課、図書館、利用者へのサービスを向上させるための新しいプロジェクト、手順、機能を開始する能力／5. 効果的な指導とコミュニケーションの能力／6. 報告や分析の能力／7. 課や図書館全体のポリシーの作成に効果的に参加している／8. 課内のリーダーシップ、計画力、指導能力などを含むマネジメントの能力／9. 専門分野におけるスキルや知識の習得へのコミットメント
(2) プロフェッショナル・デベロップメント
(3) 大学図書館、大学、地域へのサービス貢献

2. テニュア（終身雇用）のライブラリアンに必要な研究・発表……184

出版と学会発表が評価の対象になる
(1) ワシントン大学におけるライブラリアンの出版活動へのサポート
1. 1 年以上勤務したら年間で最大 240 時間まで研究に費やせる／2. 7 年以上勤続すると最長 1 年間のプロフェッショナル・リーブ（Professional Leave）／3. その他のサポート
過去 8 年に私が書いたもの

8

はじめに

サブジェクト・ライブラリアンとの出会い

　日本の大学在学中、米国に語学留学したときに、同じクラスに韓国人留学生がいました。その人が植民地時代の話を持ち出しては、私に怒りをぶつけていたことがきっかけで、韓日関係に興味を持つようになりました。2003年の韓国での日本文化解禁より前、日本での韓流ブームより前の時代です。帰国後、韓国留学生たちと韓日関係史を学ぶクラブを設立しました。植民地時代を学ぶうちに、大学院へ進みもっと深く韓日史を勉強したいと思うようになりました。しかし、韓国や日本で勉強すると、バイアスがかかるであろうと考え、米国の大学院に進むことにしました。

　日々の勉強は想像を絶する過酷なもので、毎日何百ページもの文献を読み、ディスカッションに備え、レポートを書く。基本的にこの繰り返しです。文献読みやディスカッションの準備はクラスメートと協力していくほかありませんが、ペーパーを書くときには、大学図書館のライティングセンターを使えば良いことがわかりました。ここで構成や文法の指導をしてもらえます。ライティングセンターに通ううちに、リサーチ方法については、教科ごとに待機している「サブジェクト・ライブラリアン」とやらに相談すると良いと教えてもらえました。

　私がライブラリアンの所に面談に行ったのは、学部のなかでも特に厳しい韓国史の先生の授業で出されたレポートの準備をしていたときでした。日本の教科書では韓国の一部として習う渤海について、授業ではその繋がりについて触れられなかったため、渤海の正体を議論するレポートを書こうとしたのです。ライブラリアンはすぐに私の状況を察してくれ、図書館蔵書検索シ

11

ステムの使い方から、興味のある本の件名（サブジェクト・ヘディング）を特定すれば、そこから芋づる式に関連文書が探せること、議論をするために論理的に組み立てるにはどうすればいいかなど細かくアドバイスして下さいました。サブジェクト・ライブラリアンとはこのようにしての運命の出会いを果たすことになり、卒業までライブラリアンのオフィスに通うことになります。

ライブラリアンになりたい

　大学院を卒業をする頃には、ライブラリアンになりたいと思うようになっていました。サブジェクト・ライブラリアンになるには、専門学問領域の修士に加えて、MLIS（図書館情報学修士：Master of Library and Information Science）を取得しなくてはなりません。まずは図書館で働いてみよう、と全米のあらゆる図書館の仕事に応募します。運良く採用してもらえたのが、コロンビア大学の東アジア図書館でした。そこで1年間、アーキビストのアシスタントとして、文楽関係資料、それから1955年からコロンビア大学で教鞭をとっていらしたドナルド・キーン先生に宛てられた、三島由紀夫や安部公房からの手紙を整理する仕事をしました。毎日朝目覚めるのが楽しみで、図書館の仕事は天職だと確信しました。その後、シラキュース大学でMLISを取得。中西部にあるワシントン大学セントルイスで晴れて日本研究専門のサブジェクト・ライブラリアンになることができました。2013年には、母校であるシアトルにあるワシントン大学に戻り、留学生である私を助けてくれたライブラリアンたちと肩を並べて働いています。

　時々、ライブラリアンになるために米国に渡ったのか、と聞かれることがあります。ここまで読んで下さった皆さんはもうご存知ですが、私がサブジェクト・ライブラリアンと出会ったのも、それをキャリア目標にしたのも留学した後のことです。日本にいた頃はサブジェクト・ライブラリアンについては全く知りませんでした。

本書が目指すこと

　この本では日本にはなかなか伝わっていない、米国のサブジェクト・ライブラリアンという制度を、私が今まで経験してきた日本研究専門のサブジェクト・ライブラリアンという立場から紹介していきます。

　サブジェクト・ライブラリアンは、日々、学生・研究者、日本の出版・図書流通関係の方々、それに図書館相互貸出部門やレファレンス、専門図書館員など日本の図書館の皆さんとも日々関わっています。この本での海外のサブジェクト・ライブラリアンの紹介で、日本の学生や研究者の皆さんに、図書館から受けられるバックアップについて知って頂くことで安心して渡米して頂けると嬉しいですし、出版社や図書流通関係者、また図書館関係者、図書館行政に従事している皆さんには、海の向こうの顧客・同業者がどんな仕事をしているか知って頂き、日々の仕事のお役に立てれば幸いです。

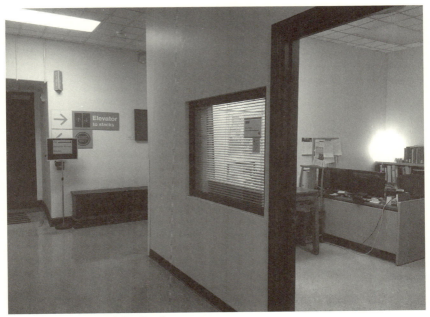

図1　ワシントン大学図書館の私のオフィス

お読みになる前に

本書は私の経験をもとにして述べていく部分が多々あります。以下
に経歴を挙げておきますので、随時参照してください。

2005年　　シアトルのワシントン大学(University of Washington: UW)で国
　　　　　際関係修士号取得。
2005〜2006年　　コロンビア大学東アジア図書館でアーキビスト・ア
　　　　　シスタントとして勤務。
2008年　　シラキュース大学で図書館情報学修士号を取得。
2009〜2013年　　セントルイスにあるワシントン大学(Washington
　　　　　University in St. Louis)の東アジア図書館で勤務。
2013年　　シアトルにあるワシントン大学(University of Washington)に
　　　　　て、日本研究専門のサブジェクト・ライブラリアンとして
　　　　　東アジア図書館に勤務、現在に至る。

.... 1 ....

サブジェクト・ライブラリアンって何？

──定義・歴史・その仲間たち──

　本章ではサブジェクト・ライブラリアンの定義、歴史、それと私が日々働いている仲間たちの紹介を通して、「サブジェクト・ライブラリアン」の輪郭をまずは知って頂くことを目指します。

1. サブジェクト・ライブラリアンとは

　私はアカデミック・ライブラリー（Academic Library）に勤めるアカデミック・ライブラリアン（Academic Librarian）で日本研究 (Japanese Studies) 専門のサブジェクト・ライブラリアン（Subject Librarian）です。

　情報学用語を調べる際によく参照される『Encyclopedia of Information Science and Technology（情報科学の百科事典）』の「アカデミック・ライブラリー」の項目▶1 には「公立、連邦、州立、国立、私立の 4 年制・2 年制大学やカレッジを含む高等教育機関に付属する図書館のこと」と定義されています。また学術図書館における図書館職について、アカデミック・ライブラリアンシップ（Academic Librarianship）の項目には

・高等教育機関に付属する図書館で働く専門的職業で、教員や学生の教育、学び、研究の援助をすることが主な仕事である。そのために、彼らの情報探しの支援をすると共に、図書館の蔵書を選び、購入し、整理し、アクセスを提供し、保存する。

と説明されています。また、アカデミック・ライブラリアンについては「ALA（アメリカ図書館協会：American Library Association）認定の MLS（図書館学修士：Master of Library Science）、MLIS（図書館情報学修士：Master of Library and Information Science）、MIS（情報学修士：Masters degree in Information Science）といった修士号を持った職員」と定義されています。2012 年の統計では米国には、3,793 の学術図書館におよそ 85,752 人の図書館職員がおり、そのうち、図書館学の学位を持ったライブラリアンは 26,606 人▶2 いるということです。

さまざまな種類があるアカデミック・ライブラリアン

　私は高等教育機関に付属する図書館で働き、教員や学生の教育活動を支援するアカデミック・ライブラリアンとして勤務しています。ですが学術図書館にいるアカデミック・ライブラリアンと一言でいっても、実にさまざまな職種があります。

　例えば、システム・ライブラリアン（館内の情報テクノロジーインフラの管理や、電子資料のアクセス問題解決などを担当）、レファレンス・ライブラリアン（資料へのアクセスを支援する）、インストラクション・ライブラリアン（資料へのアクセスの方法を教えるワークショップやガイド作成などを担当）、カタロガー・メタデータライブラリアン（資料の目録やメタデータの作成）、電子資料ライブラリアン（電子資料の購入とメンテナンスを担当）、ライセンス・ライブラリアン（主に電子資料ライセンスの吟味・合意を担当する）、ディスタンス・ラーニング・ライブラリアン（オンラインプログラム在籍の学生など、図書館に来館できない利用者へのサービス展開を担当する）、政府資料ライブラリアン（州や連邦政府発行の文書や地図などを収集し利用者の利用を手伝う）、アクセス・サービスライブラリアン（貸し出し、リザーブ、インター・ライブラリー・ローン〈相互貸出：Interlibrary Loan〉、書庫など資料へのアクセスの向上を担当する）、ユーザー・エクスペリエンスライブラリアン（利用者ニーズを査定し、書庫や資料、サービスなどの質の向上をはかる）、スペシャルコレクション・アーカイブライブラリアン（貴重書やアーカイブスなどの保存や修理、アクセスの提供などに従事）、データマネジメント・ライブラリアン（データ管理

支援）、エマージングテクノロジー・ライブラリアン（図書館サービスや研究の
フローの向上に新しいテクノロジーの利用を促す仕事をする）などです。

　私はそのなかでも、サブジェクト・ライブラリアンという職についており、
特定の主題（サブジェクト）を担当するライブライアンです。

サブジェクト・ライブラリアンの定義

　先程の『情報科学の百科事典』のサブジェクト・ライブラリアンの項目
には「librarian with special knowledge of, and responsibility for, a particular subject or
subjects」とあり、サブジェクト・ライブラリアンが「特定の教科・学問領域
の知識を持って、その教科・学問領域を担当しているライブラリアン」と定
義づけられていることがわかります。

　私が現在働くワシントン大学にはサブジェクト・ライブラリアンが約 70
人いて、約 160 の研究領域に対応しています。私の担当学問領域は日本研究
です。日本研究専属のサブジェクト・ライブラリアンである私の職務記述書
(Job Description) には、仕事の内容が詳しくまとめられているので、ご紹介し
ます。これは現在私がついている職が求人募集をしていたときに出ていた求
人要項内の記述▶3 の抜粋です。

　　　日本研究ライブラリアンは日本研究学科の学生と教員と密に連携し学
　　　科のプロジェクトやカリキュラム構築に貢献します。また、教授会議
　　　や学部のイベントに出席し、日本研究に関する国内外の協同事業にも
　　　協力します。図書館がこれまで築いた日系人コミュニティーとの関係
　　　の維持、寄付金や寄贈を集める活動、日本語資料の目録作成も行います。
　　　この募集への候補者はチームプレイヤーで、東アジア図書館内外のラ
　　　イブラリアンやスタッフと協力できなくてはなりません。

17

このような前置きに続いて、以下の職分表が掲載されていました。

- インストラクション（クラスに出向いて、またオンラインラーニングやコースウェアを通して図書館講座を開く）。
- レファレンスとリサーチ・コンサルテーション（研究相談）。
- 日本研究プログラムへのリエゾン（橋渡し）をして積極的に学部の教員、スタッフ、学生に働きかけてライブラリのサービスと資源の利用を促進する。
- 日本研究に必要なウェブサイトやガイドページを提供しコンピューターやリサーチ関係のサポートをする。
- 日本研究向け図書の選書、予算管理、コレクション（蔵書）の質を向上させるための利用者調査。
- 日本コレクション管理の長期的短期的目標を設定する。コレクションの質を保つべく定期的に審査する。
- 目録の作成。
- 寄付者や寄贈者との関係構築。
- 日本コレクションを強化するために寄贈や寄付の機会を探す。
- 図書館運営チームの一員として貢献する（図書館運営上の決定にアイディアを出すなど）。
- デジタル化や学術情報流通戦略に協力する。
- 日本コレクションに関係する専門団体や協力関係に参画する。
- 図書館内の委員会やグループに参加する。

以上が、私の就いている職の職責で、多少異なることはあるかもしれませんが、サブジェクト・ライブラリアンとは、おおよその場合、特定の学部に属して、①その学問領域のコレクション構築、整備、そのための予算管理（助成金や寄付集めを含む）をし、②レファレンス、③インストラクション、④その他、図書館全体の運営に関わる者であるということがわかります。

サブジェクト・ライブラリアンのさまざまな呼び方の理由

　しかし、このような仕事をする私たちはサブジェクト・ライブラリアンの他、

- サブジェクト・スペシャリスト（Subject Specialist）
- ビブリオグラファー（Bibliographer）
- リエゾン・ライブラリアン（Liaison Librarian）
- エリア・スペシャリスト（Area Specialist）
- セレクター（Selector）

と実にさまざまな呼び方をされます。

　コロラド大学ボルダー校の図書館の Ask a Librarian のページ▶4 は「Find Your Subject Specialist」という項目を作り、教科・学問領域担当のライブラリアンのリストを掲載しています。つまり、この大学ではサブジェクト・ライブラリアンという言葉ではなく、サブジェクト・スペシャリストという言葉を使っているのです。

　学術図書館用語を調べるのに利用される『ALA Glossary of Library and Information Science』にはサブジェクト・ライブラリアンの項目はなく、サブジェクト・スペシャリストの解説のみ挙がっており「図書館の職員で教科・学問領域の専門分野で選書やサービスの評価や書誌管理を行う。サブジェクトビブリオグラファーとも呼ばれる。リエゾンも参照。」と書かれています▶5。「ビブリオグラファー」の項目には「本について、特に著者、出版時期、活字、版、などについて調査する者。書誌学に通じている者。目録作成をする者。時にエリア・スペシャリストやサブジェクト・スペシャリストと同じ。」とあります。「リエゾン」の項目には「学術図書館のライブラリアンで特定の学部やユニットのコレクション構築やライブラリー研修を担当する」と書かれています。「エリア・スペシャリスト」の項目には「アフリカ、ラテンアメリカなどの地域に特化した資料の選択と評価を行う図書館職員。専門地

区関係の情報サービスと書誌管理も行う。エリア・ビブリオグラファーとも呼ばれる」と書かれており、学問領域専門のライブラリアンでも地域研究の担当の場合はエリア・スペシャリストと呼ばれる場合もあることがわかります。

　試しに、「Subject Librarian」と「Subject Specialist」とを Google 検索してみました。複数形の結果も含めるために「*」を用いて、それぞれ「subject librarian*」「subject specialist*」という検索語にしました。普段の検索に結果が左右されないように、シークレットモードのプライベートブラウジングを使いました。

　「Subject Specialist」のヒットは 406,000 件で、イリノイ大学アーバナ・シャンペーン校、オレゴン大学、プリンストン大学、イェール大学の図書館のページが上位に表示されました。

　「Subject Librarian」と検索したときには、145,000 件のヒットがあり、ワシントン大学、カリフォルニア大学ロサンジェルス校やバークレー校、アイオワ州立大学、ワシントン大学セントルイス、ビンガムヤング大学の図書館のページが最初にヒットしました。

　大学のリストを見ていると、どちらも、地域性も私立・州立の差もバラバラで、規則性が見出せませんが、確かに「Subject Librarian」と「Subject Specialist」の両方が北米でも代表的な学術図書館で採用されていることがわかります。「Subject Librarian」と「Subject Specialist」との Google 検索の結果に規則性は見出せませんでしたが、検索結果の上位にあがってきた図書館の共通項は、いずれも「大規模」大学に付属しているところです。

　しかし学術図書館であればどこにでもサブジェクト・ライブラリアン（やそれに類する学問領域専門のコレクションやレファレンス担当のライブラリアン）が存在するかというとそうでもないようです。

　山田かおり氏の研究によると、ARL（北米研究図書館協会：Association of

Research Libraries）加盟図書館のなかで、カーネギー分類の「博士号授与・研究大学図書館」「修士号授与図書館」「学士号授与図書館」におけるサブジェクト・ライブラリアン（名称は上記の通りばらつきはあるものの）の存在が図書館ウェブサイトで確認できた数を調べたところ、博士号までの課程のある「博士号授与・研究大学図書館」の実に91.8％で確認できましたが、学士号と修士号まで与える大学の「修士号授与図書館」では約半数の46.9％、学士号までしか与えていない4年制大学にある「学士号授与図書館」に至っては17.3％ということでした。▶6

　博士号や修士号課程を持ち研究に重点を置く大学になるほど、サブジェクト・ライブラリアンが存在することを証明した結果となっています▶7。

　またサブジェクト・ライブラリアンの人数も、大学の種別で大きな差があるようです。平均は「博士号授与・研究大学図書館」では30.3人、「修士号授与図書館」では10.5人、「学士号授与図書館」では7.6人ということでした▶8。

　また山田氏の研究は「Subject Librarian」「Subject Specialist」「Liaison」「Bibliographer」の呼び分けのなぞも解いています。

　主題担当のライブラリアンについて使用する名称を代表するものとして「博士号授与・研究大学図書館」では、「Subject Librarian」（44.3％）か「Subject Specialist」（42.2％）を使っていました。「修士号授与図書館」では80.4％が「Liaison」を使い、「学士号授与図書館」でも82.4％が「Liaison」と呼んでいます▶9。

　リエゾンという言葉には、ものとものを繋ぐといった意味合いがあることからもわかる通り、リエゾン・ライブラリアンは図書館と担当学部の連絡役的な仕事をします。コレクションの構築や図書館のサービスなどについて学部に連絡しますが、専門分野に関する研究支援の責務はそこまで大きくないようです。博士号授与をするような研究大学においては、教授たちが担当する学生の数も多く、研究支援を図書館にも割り振り、支援の仕事をライブラリアンが担当し、連絡係ではすまないゆえ「Subject Librarian」「Subject

Specialist」と呼ばれると考えると、こうした名称のばらつきにも納得が行きます。

　学問領域専門のライブラリアンが「Subject Librarian」「Subject Specialist」「Area Specialist」「Bibliographer」「Liaison Librarian」などと呼ばれるなか、特定の教科・学問領域の知識を持って、その教科・学問領域のコレクションやレファレンスを担当しているライブラリアンがサブジェクト・ライブラリアン、サブジェクト・スペシャリストと呼ばれていることがわかりました。山田氏の指摘によると日本の文部科学省の報告書▶10などの公式文書も「サブジェクト・ライブラリアン」という語を用いることが多いようですし、国立国会図書館発行の『カレントアウェアネス』は「サブジェクト・スペシャリスト」で検索しても検索結果はゼロ件で「サブジェクト・ライブラリアン」だといくつか結果が出てきます。この「サブジェクト・ライブラリアン」という言葉は日本の皆さんにもいくらか馴染みのある言葉なのではないかと考えます。また私にとっても、私が現在所属する大学も、私が以前働いていた機関でも（いずれも研究大学の位置づけ）このような職につくものを「サブジェクト・スペシャリスト」ではなく「サブジェクト・ライブラリアン」と呼んでいることから、本書でも「サブジェクト・ライブラリアン」という用語を使いたいと思います。

　さて、この「サブジェクト・ライブラリアン」は、米国でどのような歴史をだどってきたのでしょうか。次の節では、米国の学術図書館の歴史とアカデミック・ライブラリアン（学術図書館で働くライブライアン全般）の歴史を振り返ってみたいと思います。

2. 米国の学術図書館とライブラリアンの歴史

（1）植民地時代―混沌の時代
　米国入植時期の大学の設立時期を見てみたいと思います。

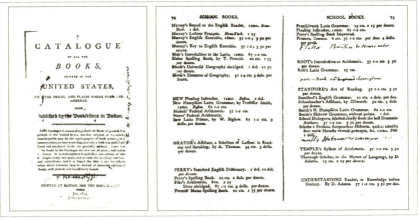

図1　1804年のブックカタログ
A Catalogue of all the books printed in the United States : with the prices, and places where published, annexed. 1804 Boston : publisher not identified

ハーバード大学（1636年）

ウィリアム・アンド・メアリー大学（1693年）

イェール大学（1701年）

College of New Jersey（1746年）※現プリンストン大学

ペンシルバニア大学（1749年）

King's College（1754年）※現コロンビア大学

College of Rhode Island（1754年）※現ブラウン大学

ダートマス大学（1769年）

　植民地時代の大学は授業料も高くエリートのみが通えたもので、カリキュラムの内容も19世紀終わり頃まで外国語や宗教といった伝統的なものが中心で、図書館の蔵書は宗教書や言語の教科書がほとんどを占めていました。

　蔵書はヨーロッパから買い付けるためとても高く、ダートマス大学のような貸出料を取っていた図書館以外、蔵書冊数はあまり増えませんでした。そ

23

もそも植民地での本の出版は、新聞やパンフレットには及ばず少なかったようです。パンフレット、教科書、新聞、ビジネスや法関係資料は米国国内で出版されていましたが1639年から1776年までの年間出版物発行数は60冊程度でした▶11。1776年の独立以降は増え、1804年のブックカタログ（図1）には1,338冊の米国の出版物が掲載されています。しかし米国独立までほとんどの本は英国から輸入されていました。とにかく本の値段が高く、図書館の購入の10%程度のみが直接購入されたもので、残りは寄贈によるものでした。その多くはイングランド、西ヨーロッパ、そして植民地州を旅した教授たちが集めてきたものでした。現在と異なり、大学での勉強といえば、自分で所持しているラテン語やギリシャ語の教科書を使って古い文書を翻訳する方法が主流で、本をひもとくタイプの研究は不要であったため、図書館の本の需要も少なかったようです▶12。

植民地の学術図書館の初期の姿

　植民地の学術図書館は、1638年にジョン・ハーバードが生前所蔵していた400冊以上の書籍が現ハーバード大学に寄贈されたことに始まりました▶13。大学からの資金援助もなかった当時の学術図書館というのは、前述したように寄贈された図書のコレクションという形をとっていました。

　ハーバード大学のコレクションは1776年から1856年の間は毎年7.6%増加していましたが、1856年から1876年の間には63%の割合で増加します。この原因は、大学における履修授業選択制（course elective system）や、授業の幅が広がり、大学院も増加、教授法も変化したからです。カリキュラムが安定してくると、教科書以外の資料の必要性も出てきます。すると図書館には哲学、理論、歴史の古典的なものが揃うようになりました▶14。

　ジョンズ・ホプキンス大学では、開校時（1876年）から、当時主流であった暗証形式の授業ではなく、ドイツ式のセミナー方式が導入されていました。そこにライブラリアンたちが登場し、図書館の開館時間を長くし、一次資料、

二次資料を強化、インストラクションやレファレンスサービスを提供し、多目的な利用に耐えうる場所作りに励んだのでした▶15。

　コロンビア大学図書館の1869年当時の開館時間は1日たったの2時間でした。7万冊規模の蔵書を持ち、月曜日から木曜日まで毎日6時間、金曜日は4時間開館するようになっていたハーバード大学図書館のような所はほとんどなく、たいてい大学は500冊程度の蔵書、開館時間は2週間に1度の午後の時間のみ、という状況でした。それでも教授たちは、研究より教えることが重視されていた時代だったので、図書館の本にアクセスできないことによる不便はほとんどありませんでした。1877年になっても、図書館が毎日開館することさえしていませんでしたが、1880年代までには昼間の開館が徐々に増えていきました。ただし、電気の時代が来るまでは火事を避けるために夜の開館はしなかったそうです。

　このように、19世紀の終わりごろの米国の学術図書館は蔵書は貧弱で、利用者が書庫に行って触れられる本も制限され、図書館自体は週に数時間開くか開かないかという状況でした。蔵書は大学の重要な財産とは考えられておらず、それを守る役割は教授たちに与えられ、教える仕事や学生指導と並行して行うものとして当然のものとされていました▶16。デューイの分類法ができあがったのは1876年のことですから、それまで図書館に置かれた蔵書には整理法さえありませんでした▶17。1887年にメルベル・デューイがコロンビアカレッジにライブラリアンカレッジを設立した当時、学術図書館員は存在したとしても、立場や尊厳は低く、給与も安いものでした。責任を持った知識人にとっても図書館で働くことは魅力的ではありませんでした。

図2　サラ・フリアソン
A Pictorial History of the University of
Georgia,Michael Adams、F. N. Boney,Univ of
Georgia Pr; 2 Sub 版 (2000/04)

(2) 19世紀末から20世紀初頭
―ライブラリアンが馬鹿にされていた時代から必要とされる時代へ

馬鹿にされていたライブラリアン

　20世紀初頭の記録に、学術図書館におけるライブライアンが卑下されていたことがわかるものがいくつかあります。

　1902年から1908年にオレゴン州立大学にR.J. ニコラスというライブラリアンが勤務していました。彼の礼儀正しさを学生が馬鹿にして、「2週間だぞ」（2週間は当時の罰則としての停学期間）と罵ったという学生新聞の記事が残っています▶18。またジョージア大学で初めてフルタイムのライブラリアンとして雇われたサラ・フリアソン（図2）▶19 は、学生には「子猫ちゃん（Miss Puss）」と呼ばれ、学生は自ら破った雑誌を彼女に差し出して、雑誌が破れているといいがかりをつけたという記録が残されています▶20。しかしジョージア州アセンズ・クラーク群図書館のアーカイブ室の情報ではフリアソンは「親しみを持って」からかわれ、学生たちは1907年にはお礼の記念品を贈っていたそうなので真偽のほどはわかりません▶21。

ライブラリアンカレッジ設立へ

　一方、教授や大学の管理職の間では、本や本の内容に関する知識を持つ書誌学者で図書館を利用しやすい場所にする能力を持つ者が必要であるという考えが広まって来ます。

　例えば、先程の「子猫ちゃん」がいたジョージア大学の学部事務員は1897年に、「利用者に本の案内のできる能力のある者」をライブラリアンとして雇うよう諮問委員会に願い出ています。ワシントン大学の当時の学長も、

1894 から 1896 年の年次報告書のなかで「良い本を購入するだけでなく、図書館の仕事をわかっている活発なライブラリアンを雇うことが便利な図書館には欠かせない」と書いています。

　大学は図書館業務に「適切」な人物を探し始めます。同じ頃、職業に直結する教育が注目されるようになり、19 世紀が終わる頃には法学、医学、神学、歯学、薬学、建築学などの分野の学問が生まれ専門家を育てる土壌ができ上がりました▶22。

変わる学術の世界、変わる図書館

　南北戦争が終わった 19 世紀末から 20 世紀の初頭にかけて、大学では研究成果を出版することが重要視されるようになって来ます。学術の中心が、知識の吸収から研究成果を出すことに移り、ジャーナルや学術書、二次資料の必要性が急増して行きました▶23。

　1890 年に 4,559 冊だった学術図書の年間出版数は、1916 年には 10,445 冊にもなっていました。学術出版社の設立も急増することになり、1919 年までには、38 もの学術出版社が設立されます▶24。The American Journal of Philology（1880 年）や、Modern Language Notes（1886 年）などといった主要な

図3　主要な学術雑誌の創刊号
① Transactions of the American Philosophical society。1743 年にベンジャミン・フランクリンによって設立されたアメリカで初めての学術協会 American Philosophical Society（アメリカ哲学協会）のジャーナル（1769-1771 年号）② American Journal of Mathematics（1878 年）③ American Chemical Journal（1879 年）④ Science（1880 年）

学術雑誌（図3）も次々と創刊されました。定期刊行物の年間出版タイトル数は、1825年には100（新聞を除く）だったのが、1885年には9,000に膨れ上がることを見ても、定期刊行物が多く刊行された時期であったことが確認できます▶25。

　この時期は、出版活動が活発になると同時に、本の修理や保護への意識が高まり、効果的で利用者に合った図書館サービスや指導、そして参考資料の充実も本格化していきます。図書館の開館時間も延長され、早朝から晩遅くまで、また週末の開館も増え快適な勉強の場所を学生に提供するようになりました。本が主題ごとに整理されるべきだという考えも起こりはじめます。著者や学問領域で整理すれば、他機関からの貸し借りにも役立つという考え

CLASS OF 1888

Patten Hutchins Talcott
Bonnell Stott Woodworth Biscoe (Fac.)
Griswold Jackson Dewey (Fac.) Baker (Hon.) Chapman
Cutler (Fac.) Seymour Cole Knowlton Denio
Catlin Plummer Cole, Mrs. (Hon.) Dewey, Mrs. (Hon.) Fernald
Nelson Burgess Miller
Armstrong (Hon.)

図4　デューイのコロンビア図書館学校の写真（1888）
Columbia University. School of Library Service. (1937). School of library economy of Columbia college, 1887-1889; documents for a history. New York: School of library service, Columbia University. p.xxii より

が広がったからです▶26。こうして資料を管理するライブラリアンの価値も上がって行くことになりました。研究知識のある教授陣よりも、資料へのアクセスを円滑にするための経験と研修を積んだライブラリアンこそが重宝されるようになったのです。

1876年にはALA（アメリカ図書館協会：American Library Association）が発足し、ライブラリアンたちが協力し、図書館で起こる問題を検証・研究したり、サービスや活動の向上を考える場となりました。

それまでライブラリアンたちは先輩から学ぶという従弟制度をとっていましたが、メルベル・デューイが1887年に全米初の図書館学校であるコロンビア図書館学校を設立したことで、ライブラリアンの仕事はいよいよ専門的なものになりました。1900年には図書館長になるには、図書館学の学位が必要になります。デューイの図書館学校の卒業生たちは全米各地にトレーニングを広げ、ライブラリー・スクールの設立も進めました▶27。

C.C. ウィリアムソン・レポートと利用者サービス

1923年には、図書館の事務的な仕事と専門的な仕事を分けるべきであるという趣旨のC.C.ウィリアムソン・レポート▶28が発表され「高等教育を受け、教えた経験のある教授陣が教鞭をとる図書館教育が必要である」と主張がなされました。これを受けて、ALAの基準に沿った大学院レベルの図書館学校がシカゴ大学に開校されることになります（1923年）。ライブラリー・サイエンスは本と利用者の交差点を科学する意味合いを持つことになっていきます。それはつまりライブラリアンの仕事が利用者サービスへと焦点が変化して行ったということです。

1920年代は大学のカリキュラムが多彩かつ学際的になり、同時にライブラリアンも学問領域専門知識が必要になっていきました▶29。1940年までには、多くの大学図書館でレファレンス課ができます▶30。学問領域ごとの部局図書館に関しては、1930年頃までには増加の一途をたどったようですが、研究にますますフォーカスが当てられ、再び出版物が増加しだした戦中から、

学問領域に特化しサービスを提供するライブラリアンが必要だという声が出てきたようです。戦時色が濃くなっていくと地域研究が盛んになり、そのスペシャリストも必要になっていったようです。

（3）戦後─学術図書館とライブラリアンの発展

1950〜60年代

　人文学や社会学中心だった大学は、戦後、科学や工学分野の需要が増えていくことに伴い、図書館も大急ぎでそれらの分野に対応することになりました。戦前に建てられた図書館では大量の蔵書をまかないきれなくなり、多くの大学図書館が新しく増築されていくことになります。

　また、18〜24歳の大学進学率は1939年の10％以下から1975年には40％以上に増え▶31、図書館はますます忙しくなりました。母体である大学の図書館への経済的サポートも進み、特に1950〜60年代のコレクションの拡大は図書館の許容量を超える程大きいうえに、急激な図書館の増大によりライブラリアンやサポートスタッフも不足することになりました。ベビーブーム直前の1957年の調査によると、全米の学術図書館全体で500〜800ほどの埋まらないのポジションがあったといいます▶32。これもライブラリー・スクールの追加開設と、それらのプログラムからの卒業生の輩出につれ、徐々に解消されていきました。

1960〜70年代

　60〜70年代は大学の財政が苦しくなった時代で、図書館は、大学からの予算削減と共存しなくてはならなくなりました。利用者からのニーズは増える一方ですので、限られた資産でのやりくりにライブラリアンたちは翻弄されていきます。自然科学の領域やテクノロジーへの興味への対応、戦後の大学進学者の急増への対応、カリキュラムの多様化への対応も強いられることになりました▶33。ライブラリアンの選書の役割が大きくなり、1964年には

ACRL（大学・研究図書館協会：Association of College & Research Libraries）から学術図書や選書に関する知識を紹介する専門誌「チョイス（Choice）」▶34 が発行されるようになりました。

1970 〜 80 年代

　1970年中盤以降はベトナム戦争や不況で米国の大学進学率は減ったものの、学術図書館の仕組みは大きく向上します。1979年には学術図書館の運営を効果的に行うための指針となる「Standards for University Libraries（大学図書館基準）」が完成します▶35。またOCLC（世界最大のオンラインで図書館の分担目録作業を行う書誌ユーティリティを作成・管理している組織：Online Computer Library Center, Inc.)がリーダーシップを取って、これまでのカード目録からコンピューター化したOPACへのシステム移動もはじまりました。

　1980年代半ばには購読雑誌の価格が毎年50％かそれ以上に高騰していき、ライブラリアンたちは共同購読プロジェクトを立ち上げていきました。同時に、他機関の蔵書と所蔵が重ならないような工夫にも努めるようになっていきます。オハイオ州の学術図書館を集めてできた「OhioLINK」などがこのような共同購読・購入協力体制の良い例です。また購入すべき資料が増え続けるなかでできたのが、アプルーバル・プラン（Approval Plan）です。これは、各大学図書館が購入を希望する学問領域や出版社や価格帯をあらかじめプロフィールに設定しておき、その条件に見合った資料が自動的にベンダーから図書館に送られてくる仕組みです。

1990 年代以降

　1990年代はインターネットの登場で、図書館のウェブサイトが重要になり、ウェブをつかったインストラクションやレファレンスが台頭していき、図書館のスペースもコンピュータのために使われるようになっていきました。同時に、電子資料も増え、全文電子で読める雑誌の購読や、参考図書も電子資料を購入するようになりました。マイクロフィルムなど古いフォー

マットの資料を電子化するプロジェクトも進みます。また多くの大学でオンラインによる遠隔授業の提供がはじまると、図書館ではキャンパス外から資料がリクエストできるインター・ライブラリー・ローンやドキュメント・デリバリーのサービスも整えるようになりました▶36。このように学術図書館やそこで働くライブラリアンは大学の発展や変化に合わせて、利用者のニーズに応えるべく大きく変化して来たのです。

(4) ライブラリアンの男女比・年齢層・人種民族などの歴史

給与が安く地位の低い職種

　ライブラリアン職は、給与が安く、アシスタントレベルの立場にとどまりがちで、地位の低い職種であったため▶37、1870年には、80％を男性で占めていたライブラリアンの職は、1910年には78.5％が女性になりました▶38。

大学教育を受けた女性とライブラリアン

　19世紀の終わりには中西部で他の地方より早く共学の大学教育が始まります。大学教育を受けた女性の出現により、女性のライブラリアンたちが州や地域に根ざした図書館協会であるステート・ライブラリー・アソシエーション（State Library Association）を設立したり、図書館に関する雑誌記事や本を出版するようになっていきました。当初は、こうした女性のライブラリアンの3分の1が結婚と同時に職を離れていました。4分の1は20年以上その仕事に留まりました。これらの女性ライブラリアンは図書館教育を受けたわけではありませんでしたが、図書館見学、学会参加、また専門図書を読むことでトレーニングを積みました▶39。

現在の男女比

　現代になって図書館界の男女比は1950年以降ほとんど変わらず女性が多

数を占めています。1950年の統計によると全米（学術・公共）の女性ライブ
ラリアンの割合は88.8％、2000年では82.6％▶40、2016年になると83.8％▶
41でした。

　変化したことといえば、1970年頃まで、大学図書館の館長、副館長のみ
はほとんどが男性でしたが、2006年の報告では112の館長職のうち約半数
の64％が女性となり▶42、上層部の女性の割合が増えたことです。1970年
には、ALAが女性の立場に関するタスクフォース（Task Force on the Status of
Women）を立ち上げ、1975年には『The Women Library Workers』という図書
館で働く女性を取りまく問題をテーマにしたニュースレターの発行も始ま
り、男女平等に対する関心が高まりました。1974年から1982年には、男女
平等憲法修正案が守られていない州でのALA年次会の開催をボイコットす
る動きがあったくらいです。1984年にはALA平等賞（ALA Equity Award）が
作られ、図書館界の男女平等に関する運動や研究を行った個人を表彰する制
度もできました▶43。

人種・マイノリティの割合

　人種や民族的マイノリティについて見てみましょう。2014年の統計によ
ると、全米では大学進学者の人種・民族的マイノリティの割合は41.7％（白
人が58.3％）となっています▶44。1995年が25.3％（白人が74.7％）、2005年が
32％（白人が68％）と、非白人の学生数が増えています。ワシントン大学の
2016〜2017年度の学部生の統計▶45を見ると、58.6％が非白人の学生で全
米の統計より多く、大学や地域によってこの数字にはばらつきがあると考え
られます。2017年のワシントン大学セントルイスの統計も学部・大学院の
区別のないもので比較するのは難しいですが、非白人学生の割合は大学全体
で45.59％となっていました▶46。非白人学生の存在が大学で増えてきている
にも関わらず、北米の学術図書館におけるマイノリティのアカデミック・ラ
イブラリアンの割合は13.9％と非常に少数です▶47。この状況を受けて、マ
イノリティのライブラリアンを呼び込むために、いくつかの学術図書館は、

新卒のマイノリティの MLS 保持者にレジデンシープログラムを新設しました。また、ライブラリー・スクールも、マイノリティ向けの奨学金を設けるなどして非白人のライブラリアンを増やす努力をしています。ALA もそうしたマイノリティ向け奨学金のプログラムを設置しています▶**48**。

進むライブラリアンの高齢化

　図書館界では高齢化も進んでいます。2019 年までには 65 歳以上になるライブラリアンの数が 58％になると言われています▶**49**。現在のライブラリアンのほとんどは、1946 ～ 1964 年に生まれた世代で、次に多いのが 1965 ～ 1978 年生まれのジェネレーション X です。1979 ～ 2000 年生まれのジェネレーション Y は図書館界で一番新しい成員で、私もその 1 人ですが、デジタルイミグラント（digital immigrants）に対してデジタルネイティブ（digital natives）と呼ばれています。この新しい世代のライブラリアンの多くは人種的にも他の世代より多様化しており、テクノロジーに強い人が多いのが特徴です。この世代のライブラリアンはサブジェクト・ライブラリアンやカタロガーなど既存のポジションではなく、最近になって作られたテクノロジー関係やリサーチコモンズなどでのポジションに雇われることが多いです。

(5) アカデミック・ライブラリアンの現在の雇用形態

　ライブラリアンになるには ALA 認定の図書館の学位が求められることがほとんどです。また学術図書館で一定の任期中の業績が良い場合に終身雇用の雇用保障を与えるテニュアトラックのポジションについた場合は、複数の修士号や博士号（セカンドマスター）が求められることが多くなりました。ライブラリアンが学部運営や授業を担当するファカルティ（教員）ポジションにつくようになると、教授職には劣るもののライブラリアンの仕事は高給なものとなっていきます。

　現在、図書館の職員は ALA の認定を受けたライブラリー・スクールのMLIS、MLS、MIS を終了したライブラリアンか、そうした学位を必要とし

ないその他の専門分野（注文・支出・人事・会計など）スタッフのいずれかのパターンが多く見受けられます。2012 年の統計によると、全米の学術図書館で働くフルタイムの職員 85,752 人のうち、26,606 人がライブラリアンです。7,817 人がアーキビストやメディアスペシャリスト、コンピュータースペシャリストなどの専門家で、30,819 人がスタッフ、20,509 人が学生アシスタントでした▶50。

　ライブラリアンといってもさまざまなポジションがあります。ACRL のガイドライン（http://www.ala.org/acrl/standards）によると、まずライブラリアンには

- ファカルティでないライブラリアン
- ファカルティのライブラリアン

の 2 種類が挙げられています。実際はもっと複雑で、大学によってはライブラリアンは、さらにテニュア（終身雇用）のポジションかそうでないノンテニュア（非終身雇用）かに別れています。ワシントン大学のライブラリアンの職は雇用数年後の審査に通ると終身雇用となります。ワシントン大学の職員区分をみると、教員（テニュア教授、ノンテニュア教授、講師など）、ライブラリアン、大学職員、となっています。ワシントン大学のライブラリアンはファカルティではないテニュア雇用です。私が以前働いていたワシントン大学セントルイスの場合は、ライブラリアンは図書館所属のプロフェッショナルスタッフという扱いでした。そして毎年更新がありました。

　ARL のメンバーになっている図書館に対する調査によると▶51、メンバー館のうちの半分近い 45% がライブラリアンをテニュアポジションとしていると答え、北米の学術図書館におけるライブラリアンの立場が教員であるところも半数ほどあることがわかります。ACRL の『アカデミック・ライブラリアンの採用、昇級、終身雇用のガイドライン（A guideline for the Appointment, Promotion, and Tenure of Academic Librarians）』▶52 によると、ファカルティ・ライ

ブラリアンの採用は大学内のファカルティの採用方法に準ずること、また採用者の質を保つために、採用委員会に少なくとも1人はファカルティ・ライブリアンを含めるようなどと推奨されています。

　ファカルティであるかないかの大きな違いは、ファカルティ・ライブラリアンは学部の運営に関与できるということでしょうか。ライブラリアンがファカルティになるべきか、また研究や授業や出版を仕事の一部に加えるかは、ワシントン大学も含めて、よく議論されます。ライブラリアンが自ら研究に励むと、利用者行動も理解しやすく、それゆえ、良いサービスも提供できそうです。しかし一方で、研究に没頭しすぎると、利用者サービスへの時間が研究に回ってしまうかもしれないという懸念もあります。

3.「サブジェクト」の約160の研究領域

　現在大学が雇用するサブジェクト・ライブラリアンの担当学問領域は多岐に渡ります。例えばワシントン大学には法学図書館、数学図書館、芸術図書館など、学部図書館が10館以上あり、前述した通り、サブジェクト・ライブラリアンが約70人おり、約160の研究領域に対応しています。以下表1にその全てを掲げてみます。

表1　約160の研究領域

会計	Accounting
航空学	Aeronautics
アフリカ系アメリカ人研究	African American Studies
アフリカ研究	African Studies
アメリカインディアン研究	American Indian Studies
動物研究	Animal Studies
人類学	Anthropology
応用数理	Applied Mathematics
考古学	Archaeology, classical
考古学方法論	Archaeology, methodology
建築	Architecture
美術	Art
美術史	Art History
アジア系アメリカ人研究	Asian American Studies

アジア言語＆文学	Asian Languages & Literature
宇宙航行学	Astronautics
天文学	Astronomy
大気科学	Atmospheric Sciences
バルト研究	Baltic Studies
生化学	Biochemistry
生物工学	Bioengineering
健康科学生物工学	Bioengineering for Health Sciences
生物学的構造	Biological Structure
生物学	Biology
バイオテクノロジー	Biotechnology
植物学	Botany
建築構造	Building Construction
経営管理	Business Administration
カナダ研究	Canadian Studies
地図製作材料	Cartographic Materials
化学工学	Chemical Engineering
化学	Chemistry
チカーノ研究	Chicano Studies
児童文学	Children's Literature
中国研究	China Studies
シネマ研究	Cinema Studies
土木工学	Civil Engineering
古典	Classics
通信	Communication
比較藝術	Comparative Arts
比較思想史	Comparative History of Ideas
比較文学	Comparative Literature
比較宗教学	Comparative Religion
コンピュータサイエンス＆エンジニアリング	Computer Science & Engineering
教材研究	Curriculum Materials
舞踊	Dance
歯科	Dentistry
デジタルアーツと実験メディア（DX アート）	Digital Arts and Experimental Media (DX Arts)
デジタル地理空間データ、地理情報システム	Digital Geospatial Data, Geographic Information Systems
障害学	Disability Studies
舞台	Drama
地球と宇宙科学	Earth and Space Sciences
東アジア全般	East Asia General
経済学	Economics
教育	Education

教育 - カリキュラム教材	Education - Curriculum Materials
電気工学	Electrical Engineering
工学	Engineering
英語	English
環境工学	Environmental Engineering
環境問題研究	Environmental Studies
民族学	Ethnic Studies
民族音楽学	Ethnomusicology
財務 · 経営学	Finance & Business Economics
フィンランド語	Finnish
漁業学	Fisheries
民俗学	Folklore
森林資源	Forest Resources
フランス語	French
ゲイ／レズビアン研究	Gay/Lesbian Studies
性別、女性、とセクシュアリティ研究	Gender, Women, and Sexuality Studies
遺伝学	Genetics
遺伝子工学	Genome Sciences
地理	Geography
地質学	Geological Sciences
地球物理学	Geophysics
ドイツ学	Germanics
ヘルスサイエンス	Health Sciences
ギリシャ研究	Hellenic Studies
歴史	History
医学史	History of Medicine
科学史	History of Science
園芸	Horticulture
ヒューマンセンターデザイン＆エンジニアリング	Human Centered Design & Engineering
人権	Human Rights
免疫学	Immunology
産業システム工学	Industrial and Systems Engineering
情報科学	Information Sciences
学際的研究	Interdisciplinary Studies
国際研究（一般）	International Studies (General)
イタリア語	Italian
日本研究	Japan Studies
ユダヤ学	Jewish Studies
韓国研究	Korean Studies
造園学	Landscape Architecture
ラテンアメリカ · カリブ研究	Latin American & Caribbean Studies
法律	Law
法律、社会 · 司法	Law, Societies & Justice (LSJ)
図書館学	Librarianship

言語学	Linguistics
組織経営	Management & Organization
経営科学	Management Science
地図、地図帳 & 空中写真	Maps, Atlases & Aerial Photography
デジタル地理空間データ、地理情報システム	Digital Geospatial Data, Geographic Information Systems
海洋研究	Marine Studies
マーケティング & 国際ビジネス	Marketing & International Business
材料科学工学	Materials Science & Engineering
数学	Mathematics
機械工学	Mechanical Engineering
遺伝医学	Medical Genetics
医学	Medicine
微生物学	Microbiology
中東研究	Middle Eastern Studies
軍事科学	Military Science
分子細胞生物学	Molecular and Cellular Biology
動画	Moving Images (historical)
博物館学	Museum Studies
音楽	Music
音楽録音	Music Recordings
自然科学	Natural Sciences
近東言語文学	Near Eastern Language & Literature
北欧研究	Nordic Studies
看護	Nursing
栄養科学	Nutritional Sciences
海洋学	Oceanography
薬理学	Pharmacology
薬局 / 医薬品化学	Pharmacy/Medicinal Chemistry
哲学	Philosophy
写真	Photography
物理学	Physics
生理学・生物物理学	Physiology & Biophysics
政治学	Political Science
ポルトガル語	Portuguese
精神医学	Psychiatry
心理学	Psychology
公衆衛生・地域医療	Public Health & Community Medicine
公共政策	Public Affairs
難民研究	Refugee Research
宗教	Religion
ロマンス諸語 & 文学	Romance Languages & Literature
ロシア・東欧研究	Russian & East European Studies

スカンジナビア言語と文学	Scandinavian Languages & Literature
科学、一般	Science, General
科学・技術コミュニケーション	Scientific & Technical Communication
スラヴ語＆文学	Slavic Languages & Literature
社会福祉	Social Work
社会学	Sociology
南アジア研究	South Asian Studies
東南アジア研究	Southeast Asian Studies
スペイン語	Spanish
音声・聴覚科学	Speech and Hearing Sciences
音声コミュニケーション	Speech Communications
統計学	Statistics
チベット研究	Tibetan Studies
大学アーカイブ	University Archives
都市計画	Urban Design & Planning
西ヨーロッパの研究	Western European Studies
野生生物科学	Wildlife Science
女性研究	Women Studies
動物学	Zoology

①東アジア図書館

②建築学部図書館

③ビジネス図書館

図5　ワシントン大学の学部図書館さまざま

4. サブジェクト・ライブラリアンの仲間──誰と働くのか

学術図書館における仕事の種類はおおよそ以下の3つに分けられます。

- テクニカルサービス（目録や注文など資料の管理）
- パブリックサービス（レファレンスや貸出などの面から利用者サポートをする）
- アドミニストレーション（人事や会計などの事務）

　サブジェクト・ライブラリアンは、これらの全ての職務の同僚たちと関わり、一緒に働く仲間は多岐にわたることになります。

　日本研究のサブジェクト・ライブラリアンの私の場合、学内では上司、東アジア図書館内の同僚、分野の近いサブジェクト・ライブラリアン、カタロガー、コレクション購入を助けてくれるアクイジション・スペシャリスト（購入担当者）、貴重書ライブラリアン、サーキュレーション・スタッフ、担当学部の教授、学生、秘書、ライセンス・ライブラリアン、予算担当者、IT、それから委員会で関わる同僚などと日々働いています。学外では、蔵書構築に欠かすことのできない日本の書店や出版社の方々、北米内の他機関で同じ日本研究ライブラリアンの立場にある同僚たち、共同研究やプロジェクトをしているライブラリアンたち、などにお世話になります。以下、サブジェクト・ライブラリアンが働く上での仲間たちを、私の職場を例に挙げていきます。

（1）上司と東アジア図書館内の同僚

　ワシントン大学には法学、ビジネス、音楽、など10の学部図書館があり、東アジア図書館はなかでも一番の大所帯で、スタッフの数が14人です（それに加えて学生アシスタントが10人以上、また日本、中国、韓国などからの客員ライブラリアンなども数人います）。スタッフの内訳は次の通りです▶53。

- 東アジア図書館長兼中国研究ライブラリアン

- 中国コレクション購入専門家
- 中国コレクションカタロガー兼テクニカルサービス長
- 韓国研究ライブラリアン兼パブリックサービス長
- 韓国コレクション購入専門家
- 韓国コレクションカタロガー
- 日本研究ライブラリアン
- 日本コレクション購入専門家
- 日本コレクションカタロガー
- 貸出カウンタースーパーバイザー
- 東アジア図書館コーディネーター（館長アシスタント）
- 定期刊行物専門家

館長の仕事、そして上司としての館長

　東アジア図書館長の仕事は、この図書館の管理全般で私の上司です。中国、韓国、日本語コレクションをまとめ、館全体利用者へのサービスを向上させ、アジア図書館全体の予算も管理します。地元コミュニティーとの連携にも尽力していて、地元の資産家などからの寄付や寄贈を集めることもあります。米国では一般的に、アジア学問領域のサブジェクト・ライブラリアンの上司にあたるのは、ワシントン大学の東アジア図書館のようにアジア専門の学問領域図書館がある場合は、その図書館の館長であることが多いです。学問領域図書館が存在せず、アジア図書の蔵書が本館に所蔵されている場合は、蔵書購入や管理を担当するライブラリアンがサブジェクト・ライブラリアンたちを管理するというパターンも見受けられます。

　サブジェクト・ライブラリアンにとって上司は、スーパーバイザー（管理者）であって、日々の仕事に指示を出す人ではありません。サブジェクト・ライブラリアンは担当サブジェクトの蔵書とサービス全般の向上を任せられており、どう動かすかは自分次第です。ライブラリー・スクールで得た知識、インターンやプロジェクトで学んだセンス、それまでに築いたネットワーク、

引き続き学び続けることで、毎日の仕事をしていきます。スーパーバイザーは、日々の仕事のやり方で困ったときに指針を与え助けてくれる人物、ライブラリアンとして成長するべく道筋を示してくれるコーチのような存在だと考えると良いでしょう。

　もちろん、上司は私の所属する東アジア図書館の館長なので、コレクションポリシーや、サービスの提供の仕方など意向がありますから、日々の仕事はその方針に即して進める必要があります。その確認作業のために、2週間に1度、必要とあらば、大きな決定事項をする前にも館長とミーティングをしています。このため、館長の図書館ビジョンに共感できることは大切です。コレクションの責任は保ちながら、支持や指針が必要なときにはそこにいてくれる上司。ライブラリアンとして成長すべく、研究や執筆、それから学会や研修への参加などもサポートしてくれる上司の存在はとてもありがたいものです。

　私はラッキーなことに、そのような上司に恵まれ、のびのびと成長できますし、蔵書購入に費用が必要なときにはサポートレターを書いてくれ、学会や研修や出張のための公休が取れるように取り計らってくれます。部下のマネジメントについて代表的なのが、私の上司のように大きな指針のみ提示してあとは部下に任せる「マクロマネジメント」ですが、スーパーバイザーによっては、「マイクロマネジメント」をスタイルにする人もいます。つまり、サブジェクト専門の仕事にまで事細かに指示を出し、監視をするスタイルです。同僚のサブジェクト・ライブラリアンたちの転職活動の話を聞いていると、面接では必ず上司のマネジメントスタイルを観察することにしているようです。ある同僚は、夢のようなポジションの面接まで進んだにも関わらず、「上司になる人がマイクロマネジメントしそうだったから」とオファーを断ったのでした。

　忙しい館長には秘書のようなコーディネーターがついています。図書館の広報、図書館の空調、備品、などの管理をしていて、利用者にも職員にも心地よい館内を作ってくれています。

中国、韓国、日本研究のサブジェクト・ライブラリアン

　中国、韓国、日本研究のサブジェクト・ライブラリアンというのは、それぞれの学問領域のコレクション構築、予算管理、レファレンス対応、図書館ワークショップの開催、学部との連携、各国の図書館からのお客様の対応などを担当します。私にとっては、これらのサブジェクト・ライブラリアンは特に自分に近い職能の同僚となり、相談に乗ってもらうことも多いです。また、日本研究のコレクションを構築したり、レファレンスに答える場合でも、韓国研究や中国研究の知識が必要になってくる場合もあります。というのも、研究者が日本だけでなく、韓日、中日、あるいは日中韓とを比較する方法で研究を進めていることが最近は多く、日本研究の知識だけでは対応しきれないこともあるからです。このため在日韓国人について韓国語で書かれた資料が必要になると韓国研究ライブラリアンに助けてもらいますし、中国古典の日本での研究について調べている人がいれば、中国研究ライブラリアンを手伝います。

　私は韓国研究ライブラリアンと2週間に1度ランチをすることにしていて、予算や利用者サービスについて、研究から査定のことまで色々と相談させてもらっています。

購入専門家・カタロガー

　日本語図書の構築に関わる重要な同僚は、注文から支払いまでを管理してくれているアクイジション・スペシャリスト（購入担当者）と、購入した書籍の目録を作成してくれるカタロガー（目録担当者）です。アクイジション・スペシャリストは私の選書した書籍、雑誌などの資料について、日本の書店に在庫や価格の確認を取ったり、それが妥当であれば注文し、支払いを済ませ、到着の確認と受け入れをしてくれています。受け入れられた資料は、カタロガーによって目録が作成され、図書館の貸出カウンターでラベル付けがなされます。

図6　ワシントン大学図書館の貸し出しカウンター。
右は本館のインフォメーション・デスク。

貸出カウンター

　貸出カウンター（図6）には2人のフルタイムの職員と何人かの学生のア
ルバイトが従事しており、貸出作業、簡単なレファレンスへの回答、リザー
ブの管理、書庫管理、リーディングルームの管理、開館・閉館作業、などを
担当しています。彼らには、日本研究資料の書架の場所変更や、探している
本が所定の書棚に無いときに探してもらいます。また貸出作業をする彼らが
資料との接触の最前線にいるので、状態の悪い本については報告してもらい、
こちらで買い直しや修理といった対応をするチームワーク体制をとっていま
す。

(2) 分野の近いサブジェクト・ライブラリアン

　私の担当する日本研究者たちの研究対象は、歴史、経済、政治、文学、言語、
美術、法学、建築、など複数の分野を横断します。これらの学問領域の日本
語資料の購入や、それらの資料を使うレファレンスは私が行いますが、逆に
それが英語の資料になると、資料購入は（時にはレファレンスも）、それぞれの
学問領域のライブラリアンが行います（日本語・日本文学の資料に限っては英語の
文献も私が担当します）。もちろん、英語資料を探している利用者が私のところ
に質問にくれば基本的なことは答えますが、詳細は、サブジェクト・ライブ

ラリアンにも訊くように提案します。

　また、日本研究と言っても、なかには別の学問領域に重きが置かれている
ものもあります。例えば日本建築でも、建築の理論を研究するのと、建築史
を研究する場合では、理論は建築学のライブラリアンの助けが必要ですし、
日本建築史であれば日本研究ライブラリアンの私の出番が多くなってきま
す。このように、担当研究者たちの研究分野が交差する相手のライブラリア
ンとは密に連絡をとって、協力する必要があるのです。

　先日も、日本の教育改革について研究している学生の質問が、法改訂と日
本教育の歴史にまたがっており、法改訂については、資料も法学図書館にあ
るので、アジア地区法のライブラリアンを紹介し、私は教育改革の背景や歴
史についてのレファレンス対応に注力したのでした。

(3) 貴重書室

　貴重書ライブラリアンとはその名の通り、貴重書の管理をするライブラリ
アンのことです。私がとりわけ仕事をする機会の多い貴重書ライブラリアン
は、大学のあるワシントン州の位置している米国北西部の歴史的資料に特化
したライブラリアンです。なぜこのライブラリアンと近しいかと言うと、シ
アトルには日系米国人の長い歴史があり、関係資料が大学図書館にも多く所
蔵されていることによります。日系人関係資料は、この貴重書ライブラリア
ンの傘下のコレクションですが、言語的には日本語の資料も多く私がお手伝
いできることが多いのです。　資料の整理はアーカイブの専門家である彼女
が、その他のコレクションとの兼ね合いを見ながら行いますが、資料を理解
するための言語的なサポート、それから、日系人資料を支援して下さる日本語
を話す寄贈者の方々とのコミュニケーションは私が行うことになっています。

　また、大学関係資料のアーキビスト（Unviersity Archivist）にもお世話にな
ります。例えば、ある寄贈資料について来歴を調べる際、大学関係資料のアー
カイブコレクションを調べれば、どの年代にどのような寄贈者がどのような
資料を寄贈して下さったのかわかることがあります。また昔在籍した教授陣

の残した研究資料などが見つかることもあります。

　貴重書室に所属している、資料修復課の同僚たちは、資料の修復はもとより、寄贈の申し出のあった資料で状態の悪いものについて、どのような修繕が必要になりそうか、カビなどがはえているものについては、図書館に持ち込む前にどのような処置が必要か、など専門知識を持ってアドバイスをしてくれます。

（4）ライセンス・ライブラリアン

　ライセンス・ライブラリアンは、法務を担当し電子資料の特性、州や連邦の法律に通じています。ワシントン大学図書館が契約している日本の電子資料は、新聞のデータベース、参考図書のデータベース、索引データベースなどですが、どれもこのライセンス・ライブラリアンが製品の性質と契約書を審査した上で、契約書にサインして、購読することができています。また電子化した資料の公開方法や、研究者たちが出版をする際の権利などについても相談に乗ってくれます。

　ちなみに、日本の電子資料の契約書内容で、よく日本のベンダーと交渉をしなければならないのは、資料にアクセスできる利用者の縛りや、相互貸出制度禁止の項目です。米国の州立大学の図書館は、大学に所属のある学生や教授だけでなく、地域の利用者にも開かれています。そのため、大学図書館に訪れた人（walk-in users といいます）なら誰でもこれらの電子資料にアクセスすることが可能になります。日本の大学ではこのようなケースがないためか、利用規約が大学所属者のみになっており、この項目はライセンス・ライブラリアンから許諾できないとコメントがつきます。また大学図書館間の相互貸出が盛んな米国の図書館では、電子資料の多くも相互貸出対象になっており、相互貸出課で特定の資料のみ貸出のリクエストを断るということが、仕事の流れとして難しいという事情があります。こうした事情や法律を説明してくれるのがライセンス・ライブラリアンです。

（5）IT 部署

　どんな組織でも IT 部署はとても重要です。私の所属する東アジア図書館は、ワシントン大学図書館システムにある 14 の分館のうちの 1 つで、IT ユニットはこれら全ての分館の面倒まで見きれないので、分館ごとに、IT 担当者を置いています。

　私は東アジア図書館の、分館 IT 担当者になっているので、本館 IT の担当者とは密に働いています。アジア図書館内で、何かソフトウェアをインストールする必要が出てきたり、プログラムやプリンターの問題が発生した場合は、ひとまず自分で解決できるか検証しますが、専門家のヘルプが必要になると、IT ユニットに連絡をし、専門家に来てもらうことになります。東アジア図書館の IT 担当として、毎月 1 度のユニット会議でテクノロジーを紹介する時間を設けています。機関 Google App、スクリーンキャスト、ソーシャルメディアなど毎回仕事でも使えそうなツールを紹介するようにしています。

（6）フィナンシャル・サービス（Financial Services）

　予算関係でお世話になる部署です。資料購入にともなう支払いはもとより図書館外の学部や外部財団などの機関から入金があるときにはこの部署を通してお金が移動します。また、利息のつく寄付基金の管理もしており、定期的にその予算にいくら利息がついているかなど報告してくれます。サブジェクト・ライブラリアンの出張費やイベント等の経費の精算を担当するのもこの部門です。

（7）贈与部門（Office of Advancement）

　シアトルは地域柄、日系の会社や、日系人、日本に関心のあるコミュニティの方々、日本人の卒業生など、日本コレクションを支援して下さる方々が多く、Friends of Libraries などコミュニティからの寄付を扱うこの部門と協力し、図書館に寄付をして下さる支援者の皆さんに対応させて頂いています。

　数年に渡って日本コレクションの目録作成などに対して資金的援助をして

図7　大名武鑑
右写真は書庫に並んでいる様子。

　頂いている財団の方への報告を兼ねた祝賀会を開いたり、図書館に関心を持って下さる企業や卒業生の方々をキャンパスにお迎えする際にリードしてくれるのもこの部門です。この部門はファンド・レイジングなどのプロです。

　私たちサブジェクト・ライブラリアンの仕事は、そうして集められた資金がどのように利用されるかをチェックする一方、資金が必要なプロジェクトや資料についてこの部門に説明し協力を仰ぐことです。

　例えば現在、日本コレクションは江戸時代の大名武鑑（図7）（江戸時代に刊行された大名・旗本・幕府役人の名鑑）を蒐集していて、購入費用への支援者を探しています。贈与部門の担当者は地元から全米または海外の財団や個人とネットワークがあり、私が資金を必要としている対象に見合った財団や個人に、このようなニーズがあると持ちかけてくれます。興味を持って頂いた場合には、日本コレクションが必要とする資料がどういうものなのか、また研究者にどのように使ってもらえるのか、日本でなく米国で集める利点などを説明します。そのような協力体制で進めています。もちろん、サブジェクト・

ライブラリアンが自ら動いて資金を集めたり助成金に応募することもあります。

(8) PR部門（広報）

日本コレクション関係のイベントがあるときに宣伝をしてもらうなど、とてもお世話になる部署の1つです。図書館広報は大学の広報課と足並みを揃えており、図書館広報の方法が、大学の公式フォント、スクールカラーやロゴと、統一されるように、注意を払っています。第3章で紹介する日本関係の展示会やあらゆる図書館のイベント開催に際して、ポスターやチラシを作成してもらったり、地元のメディアに広報してもらったり、はたまた、イベントを企画するときにも知恵を貸してもらいます。

また逆に広報が企画しているイベントで日本やアジア学問領域専門の知識が必要なときなども広報と一緒に働くことがあります。

(9) 人事部門

人事課は採用が決まった後の移動の準備や、月ごとのタイムシート、それから自分のアシスタントの採用や給与支払いに関して手伝ってもらうときなどにかかわります。ライブラリアン職は年俸制なので毎日のタイムシートはありません。休暇や病欠をとった場合にはこのタイムシートで人事に報告することになっています。休暇や病欠は上司に許可を得て取得します。また昇級のプロセスに関する研修を開いてくれたり、アドバイスをくれるのもこの部門です。

(10) 購買目録サービス部門

日本語の資料は東アジア図書館内で注文していますが、英語の資料は私が直接英語資料を扱うベンダーのデータベースで注文するか、この購買目録サービス（ARCSA:cquisitions and Rapid Cataloging Services）部門にお願いして購入することになっています。自分で直接注文するのは急ぎではない英語の資料

で、この部門にお願いするのは、そのベンダーのデータベースで扱いのない資料や、大急ぎで資料を注文してもらう必要があるときです。

　例えば、日本関係の授業を教える教授が翌学期にリザーブしたい資料があり、学期スタートまで数週間しかない場合、急いで注文する必要があります。このような場合は、大急ぎで注文し、目録を取った上で、図書館のリザーブの棚に入れてもらうことになります。日本研究関係でも英語の本はたいていここで注文され、バーコードの添付や機関印を押すなどのプロセスもここで行われます。また電子資料の注文、雑誌やデータベースなどの購読更新、そして請求書の支払いもここが担当しています。日本関係の資料で米国国外（ヨーロッパや南米など）の出版社から出ているものも、ここから注文してもらいます（外国語に長けたスタッフが揃っているため、英語と日本語以外わからない私のヘルプをしてくれるわけです）。この部門に行くとブックカートがたくさん並んでいて、まさに「図書館の舞台裏」という雰囲気があります。19 人の大所帯です。

（11）インター・ライブラリー・ローン（ILL）課

　ここは相互貸し出し課で他の図書館から本や雑誌の論文・記事を取り寄せてくれるサービスを担当しています。私が担当する日本研究の利用者がワシントン大学にない資料を取り寄せる際にお世話になります。ときには北米の図書館に所蔵がない資料もあり、この場合は日本にまで問い合わせをして取り寄せをしてくれるありがたい部署です。ワシントン大学では日本からの資料は 2 通りの取り寄せ方法がありました。

　1 つは、GIF（Global ILL Framework）を通して日本の大学図書館や研究機関など GIF 参加館から取り寄せる方法。もう 1 つは、国立国会図書館の海外サービスを利用する方法です。ISO プロトコルによって OCLC と国立情報学研究所のシステムをつなげ、文献取り寄せのリクエストをやり取りする方式は、2018 年 3 月末で終了します。2018 年に予定している NII のシステム更新に際し、ISO プロトコルに対応するためのシステム投資額に比べ、北米からの

ILL リクエスト需要が少ないというのが国立大学図書館協会タスクフォースの判断理由だそうです。

　日本側はこれまでのリクエストの大半は NDL で対応できるという調査結果を元に、NDL 利用を北米で奨励してほしいという意見です。

　逆に他大学からワシントン大学図書館に日本語の資料のリクエストが入った際、ILL 課には日本語のできるスタッフがいないため、日本語の支援を要請されることもあります。特に質問が多いのは、雑誌記事のリクエスト（ドキュメント・デリバリー）に関してで、利用者が、必要な号や巻数、それからページを明記してくるのですが、肝心の表記が漢数字のこともあって、そうした場合には、リクエスト票とスキャンする資料が合致しているか、ILL 課が問い合わせてくることがあります。また、問い合わせの資料がマイクロフィルム資料の場合、直接 ILL 課に出向いて、係のスタッフと一緒にマイクロフィルムリーダーの前でリクエストのあった記事が見つかるまで格闘することもあります。

（12）Digital Initiatives 課

　図書館において学内の研究者の研究成果の電子保存、ジャーナルやメディアの電子的な出版などを推進する課です。この課はワシントン大学のオープンアクセスレポジトリである ResearchWorks などレポジトリサービスの管理をしています。私が担当する利用者、特に大学生や大学院生の論文の掲載を手伝ってもらったり、また私自身が発表した著作物を図書館の持つレポジトリに保存してもらうとき、あるいは日本語資料で電子化保存して欲しいものがあるときにお世話になります。この課は、日本から図書館員の方が図書館の見学にいらっしゃる際に、立ち寄りたいというリクエストが最も多いところでもあります。日本の図書館でもオープンアクセスへの支援が強まっているのだろうと考えられます。

　また、所蔵している資料のアクセス向上のための、デジタル化作業もこの部署でなされます。デジタル化の作業が外部委託される場合も、この部署が

品質保証などを担当します。

（13）学部の秘書

　私が主に担当している日本研究学科や日本言語文学学科の秘書の方々との連絡はとても重要です。それらの学科の教員や学生の情報を教えてもらったり（例えば新入生情報、客員教員情報、など）、図書館イベントを広報してもらったり、また、学部管轄の予算を図書購入や図書館イベントで使わせてもらう場合に手続きをお願いしたりと連携作業も多いです。また講演会、インフォメーションセッション、など学部のイベント会場に図書館を使ってもらったりもします。学部のイベントは、イベントのコーディネーターである彼女たちに顔を合わせる機会なので、できるだけ参加し、挨拶をするようにしています。

（14）寄贈書部門

　金銭ではなく、本や雑誌など資料の形の寄贈を受け付ける部門です。日本語の資料については寄贈者から直接私のもとに連絡が来るか、東アジア図書館に運び込まれることが多いのですが、本館にある寄贈書部門に持ち込まれることもあります。それが日本語以外（英語など）の資料で日本をテーマとしたものである場合、蔵書に加えるかどうかは、サブジェクト・ライブラリアンである私が決めることになるので私に連絡が来ます。また逆に、日本をテーマにした英語の資料が私のもとに持ち込まれた際、蔵書に加えないと決めたものは、この寄贈書部門が他大学に寄贈するなり適切に処理してくれます。

（15）委員会で関わる同僚

　ワシントン大学図書館内には実に数多くの委員会が存在しています▶54。私はそのなかでも、図書館職員員会（Libraries Staff Association）、ダイバーシティ（多様性）顧問委員会（Diversity Advisory Committee）、ウェブサイトグループ

（Public Web Operations Group）、ティーチング・ラーニンググループ（Teaching and Learning Group）などに所属したことがあります。

　委員会のメンバーになるには、まず委員会からの招待が必要です。私も入館して何ヶ月か経った頃、いくつかの委員会から招待を受けました。テニュアの審査では、どの委員会でどれだけ活躍したかも加味されるので、自分の強みが活かせ、活躍・貢献できる委員会に入ることが大切です。特に、ダイバーシティ委員会については、自分がアジア人の（マイノリティ）ライブラリアンであるこ、マイノリティライブラリアンについて共同研究を進めていることから、貢献できそうだと考え参加しました。この委員会は、図書館職員のなかのダイバーシティについても評価したり、図書館利用者のダイバーシティ（年齢、人種、性別、障害、など）も検討する委員会です。各委員会はおよそ10人程度の会員で成り立っています。組織作りの際には、職能や分館代表、本館代表などと、各会員が持ち込む知識や背景に多様性がでるように工夫されています。それゆえ、委員会では、バラエティー豊かなメンバーからバラエティー豊かな意見が飛び出します。このような委員会に参加すると、一緒に仕事をする機会が滅多にないライブライアンと出会えることも、これらの委員会に参加する醍醐味です。

　委員会については第3章で詳しく説明しています。

▶注

［1］Khosrowpour, Mehdi. *Encyclopedia of Information Science and Technology. Vol. I-V.* Hershey, Pa.: Idea Group Reference, 2005.
情報学研究者に編集された業界でも古株の情報学関係の用語を集めた参考書。

［2］National Center for Education Statistics. Academic Libraries: 2012 First Look. Table 6. Number and percentage distribution of different types of full-time equivalent（FTE）staff at academic libraries, by control, level, size, and Carnegie classification of institution: Fall 2012
https://nces.ed.gov/pubs2014/2014038.pdf（国立教育統計センター　米国大学図書館統計2012年度版）

［3］http://cealjobs.blogspot.jp/search/label/Japan?updated-max=2012-11-07T10:57:00-08:00&max-results=20&start=16&by-date=false+August+10,+2012

［4］http://www.colorado.edu/libraries/ask-librarian

［5］Levine-Clark, Michael., and Carter, Toni M. *ALA Glossary of Library and Information Science.*

Fourth Edition / Edited by Michael Levine-Clark and Toni M. Carter. ed. Chicago: ALA Editions, an Imprint of the American Library Association, 2013.

[6] 山田かおり（2014）「アメリカの大学図書館におけるサブジェクト・ライブラリアン」『Library and Information Science』No.76、27 〜 50 頁。

[7] 注 ［6］ 40 〜 41 頁。

[8] 注 ［6］ 41 頁。

[9] 注 ［6］ 42 頁。

[10] 文部科学省『学術情報基盤の今後の在り方について（報告）』（2006 年 3 月 23 日）や文部科学省『大学図書館の整備について（審議のまとめ）－変革する大学にあって求められる大学図書館像－』（2010 年 12 月）。
前者は、http://www.mext.go.jp/b_menu/shingi/gijyutu/gijyutu4/toushin/1213896.htm 後者は、http://www.mext.go.jp/b_menu/shingi/gijyutu/gijyutu4/toushin/1301602.htm

[11] Hanson, Eugene R. "College libraries: The colonial period to the twentieth century." *Advances in Library Administration and Organization* 8 (1989): 171-199.

[12] Atkins, Stephen E. *The Academic Library in the American University*. Chicago: American Library Association, 1991, 4

[13] Tomase, Jennifer. "Tale of John Harvard's surviving book." Harvard Gazette, November 1, 2007. Retrieved from https://news.harvard.edu/gazette/story/2007/11/tale-of-john-harvards-surviving-book/

[14] Shiflett, Orvin Lee. *Origins of American Academic Librarianship*. Libraries and Librarianship. Norwood, N.J.: Ablex Pub., 1981, 64

[15] Weiner, Sharon. "The History of Academic Libraries in the United States: A Review of the Literature." *Library Philosophy and Practice* 7, no. 2 (2005): 1-12.

[16] Shiflett, 35.

[17] Hanson, 171-199.

[18] Carlson, William Hugh, and Oregon State University. *The Library of Oregon State University : Its Origins, Management, and Growth : A Centennial History*. Corvallis, Or.: [Oregon State University], 1966, 16

[19] University of Georgia. "Highlights and History of the UGA Libraries'Collections." *Staff Resources*. Retrieved June 19, 2017, from http://www5.galib.uga.edu/staff/highlights.html

[20] LaBoone, Anna Elizabeth. "History of the University of Georgia Library" (Unpublished master's thesis, University of Georgia, 1954),100

[21] Athens-Clarke County Library Heritage Room. "In a Neat and Appreciated Manner." *This day in Athens*, JULY 12, 2010. Retrieved from http://accheritage.blogspot.com/2010/07/12-july-1907-in-neat-and-appreciated.html

[22] Shiflett, 170

[23] Ibib, 120

[24] Ibib, 120

[25] Hanson, 171-199.

[26] Hamlin, Arthur T. *The University Library in the United States, Its Origins and Development*. Philadelphia: University of Pennsylvania Press, 1981, 200

[27] McElderry, Stanley. "Readers and Resources: Public Services in Academic and Research Libraries, 1876-1976." *College and Research Libraries* 37, no. 5 (1976): 408-420.

[28] Williamson, Charles C. *Training for Library Service; a Report Prepared for the Carnegie*

Corporation of New York. New York: [Updike], 1923. Retrieved from https://archive.org/details/trainingforlibra)11790mbp

[29] Atkins, 2

[30] Brown, H. Glenn. "The Reference Service at the Library." *The Library Chronicle* 9, no. 1 (1941): 5-13.

[31] Encyclopedia of Library and Information Sciences, 3rd ed., s.v. "academic Librarianship."

[32] Yenawine, Wayne S. "Education for Academic Librarianship." *College & Research Libraries* 19, no. 6 (1958): 479-501.

[33] Encyclopedia of Library and Information Sciences, 3rd ed., s.v. "academic Librarianship."

[34] http://www.ala.org/acrl/choice/home

[35] Lynch, Beverly P. "University Library Standards." *Library Trends* 31 (1982): 33-47.

[36] Bobinski, George S. *Libraries and Librarianship : Sixty Years of Challenge and Change, 1945-2005*. Lanham, Md.: Scarecrow Press, 2007, 44.

[37] Shiflett, 223.

[38] Williams, Christine L. *Still a Man's World : Men Who Do "women's Work"*. Men and Masculinity (Berkeley, Calif.) ; 1. Berkeley: University of California Press, 1995, 26.

[39] Bailey, Joanne Passet. ""The Rule Rather than the Exception": Midwest Women as Academic Librarians, 1875-1900." *The Journal of Library History (1974-1987)* 21, no. 4 (1986): 673-92.

[40] Bobinski, 95

[41] http://www.bls.gov/cps/cpsaat11.htm

[42] Encyclopedia of Library and Information Sciences, 3rd ed., s.v. "academic librarianship."

[43] Bobinski, 96

[44] National Center for Educational Statistics. *Fall enrollment of U.S. residents in degree-granting postsecondary institutions, by race/ethnicity: Selected years, 1976 through 2025*. Retrieved from https://nces.ed.gov/programs/digest/d15/tables/dt15_306.30.asp?current=yes

[45] Office of Minority Affairs & Diversity. *Office of minority affairs & diversity 2016-2017 Fact Sheet*. Retrieved from https://www.washington.edu/omad/files/2016/10/2016_omadfactsheet_finalprint_10-18-16.pdf

[46] http://registrar.wustl.edu/enrollment-graduation-data/student-body-diversity/

[47] American Library Association. Table Series A (Table A-5): 2009-2010 American Community Survey Estimates Applied to Institute for Museum and Library Services and National Center for Education Statistics Data, http://www.ala.org/offices/sites/ala.org.offices/files/content/diversity/diversitycounts/diversitycounts tables2012.pdf

[48] Encyclopedia of Library and Information Sciences, 3rd ed., s.v. "academic librarianship."

[49] Nitecki, Danuta A. *Influence of Funding on Advances in Librarianship*. Advances in Librarianship, 31. Bradford: Emerald Group Publishing Limited, 2008, 159

[50] National Center for Education Statistics. Table 6. Number and percentage distribution of different types of full-time equivalent (FTE) staff at academic libraries, by control, level, size, and Carnegie classification of institution: Fall 2012. Academic Libraries: 2012 First Look. Retrieved from http://nces.ed.gov/pubs2014/2014038.pdf

[51] Lee, Deborah. "Faculty Status, Tenure, and Compensating Wage Differentials among Members of the Association of Research Libraries." *Advances in Library Administration and Organization*, 26 (2008): 151-208.

［52］ http://www.ala.org/acrl/standards/promotiontenure#note3
［53］ http://www.lib.washington.edu/east-asia/about/staff
［54］ https://staffweb.lib.washington.edu/committees-collection

········2········

サブジェクト・ライブラリアンになるには

　この章ではまず、最近のサブジェクト・ライブラリアンの募集要項から、米国の学術図書館においてどのような人材が必要とされているのかを見ていき、そうした条件を満たす手段を検討していきます。最後に実際の就職活動の実情についても、私の体験をもとに、選考方法、履歴書、面接の他、採用が決まったあとのプロセスついても紹介します。

1. 募集要項から見る必要条件

　サブジェクト・ライブラリアンになるには、(1) 教育的な条件と、(2) スキルや経験としての条件を兼ね備えている必要があります。

(1) 必要条件１―教育的な条件は何か

　2011 年 1 年間の学術図書館のライブラリアン職の応募条件を調べた研究によると、90％が ALA 認定校の MLS を必要としていました[1]。また、74％が職務経験を必要とし、23％が主題専門の修士号や、法学位、博士号取得者を求めています。このような傾向のせいか、確かに周囲のライブラリアンたちを見ると、MLS 以外に、別の修士や専門学位（JD。専門職学位：Juris Doctor）を所持する人もいます。MLS 課程在学中に、音楽、芸術、法学、ビジネスなどの修士号を平行して取得する人もいるようです[2]。
　実際、サブジェクト・ライブラリアンの応募条件の傾向もこのデータに合ったものです。
　教育的条件としては MLS の取得が求められることがほとんどです。その

図1　ALA（アメリカ図書館協会）のJob Listのページ
http://joblist.ala.org

他のスキルで必須となるものでは、担当学問領域の知識から、その分野における研究の経験、チームワーク、多様性への理解までさまざまな要求があります。

試しに、ALA の Job List のページ（図1）でサブジェクト・ライブラリアン職の募集要項を調査してみました（2017年6月22日現在）。サーチ条件の設定は、Library Type（館種）を Academic／Research（学術図書館）、Job Category（職種）を Area Studies／Subject Specialist（地域研究・学問領域専門家）としました。そのなかにはキュレーターや公共サービスの仕事、詳細のページがリンク切れだったものもあり、それらを除いて、サブジェクト・ライブラリアンと見られ募集要項が閲覧できるものは5件でした。それを表1にまとめてみました。

　サブジェクト・ライブラリアンのタイプを見てみましょう。図書館人事の合理化が進み、複数のスキルを持って多様な仕事に取り組める人材が必要とされているようです。社会科学ライブラリアンの守備範囲は随分広いですし、政治、公共政策、法律ライブラリアンや科学、生物科学ライブラリアンもかなりの掛け持ちとなっています。こうした職につくには、それらの分野を担当できるだけの専門分野の学位取得、学術的バックグラウンドを兼ね備えておく必要があります。応募に必要な条件については、後で説明するとして、まずは、これらの仕事が求めている学歴のバックグラウンドや条件を見てみます。

　ビジネス・ライブラリアンは図書館情報学の学位の代わりにビジネス情報

1	Subject Librarian for Political Science, Public Administration, Public Policy, and Law	政治、公共政策、法律ライブラリアン	MLS か同等の海外学位
2	English Librarian	英語ライブラリアン	MLS
3	Chemical and Biological Sciences Librarian	化学・生物科学ライブラリアン	MLS
4	Social Sciences Librarian	社会科学ライブラリアン	MLS か相当学位
5	Business Librarian	ビジネスライブラリアン	MLS か相当学位かビジネス情報分野での経験

表1　2017年6月に調査したサブジェクト・ライブラリアンのタイプ・学歴・バックグラウンド

分野の経験があれば応募できるようでしたがそれ以外いずれの募集も MLS か同等の学位を必要としていました。

　ALA のウェブサイトは ALA で認定していない MLS プログラムの掲載もしており▶3、そこには、ライブラリアンになるために ALA 認定校に行かなくてはならないわけではないが、行かないことが相当の不利になるとの注意書きがあります。

　ALA は What Librarians Need to Know という web ページで▶4、ライブラリアンの募集要項でしばしば挙げられる条件を紹介しています。

　まず、「教育」の項目として次のような項目が挙がっています。

・学士号（学部は何でも良い）
・MLS の修士号
・ALA 認定校で取得した MLS
・ALA 認定校で取得した MLS と teaching certificate（教員免許）もしくは、ALA 認定校で取得した MLS と2つ目の修士号（例えば法学など）

　MLS とは図書館学修士のことですが、修士号の名称は、情報学修士（MIS : Master of Information Studies）、情報修士（MI : Master of Information）、文学修士（MA : Master of Arts）、司書修士（ML : Master of Librarianship）、図書館情報学修士（MLIS : Master of Library and Information Studies）や、理学修士（MS : Master of Science）など大

学ごとに決められており、どれも ALA の認定の対象になります。

　アカデミック・ライブラリアンに特化して言えば、Library Journal という
ウェブサイトの How to Become a 21st Century Librarian の Academic Librarian
の項目にも▶5、やはり、ほとんどのポジションで MLS 取得者を条件として
いるとあります。同時に最近は MLS の代わり、もしくは MLS に加えて博士
号（Ph.D）を必須条件として、キャリアパスとなっているとも書かれています。

　条件として際立っていたのは、デジタル・リサーチのスキルやデジタル・
ヒューマニティの知識のいずれかが 5 件全ての募集で求められていたことで
す。デジタル・リサーチは学術図書館のライブラリアンたちに求められ始め
たスキルです。詳しくは第 6 章をご覧ください。

ライブラリー・スクールで MLS（図書館学修士）を取得するには

　ALA によると、2017 年 6 月現在、米国、カナダ、プエルトリコに 60 の
ALA 認定校▶6（表 2）があり、それら ALA の認定を受けたプログラムの卒
業生の方がその後の就職がフレキシブルにできると説明されています。

　これだけある ALA 認定校のなかからベストなプログラムをどのように選
べばよいのでしょうか。目指すタイプの職種が決まっているならば、その職
につくのに必要な知識が取得できるプログラムを選ぶのが賢明でしょう。

　アーキビストになりたいならば、アーカイブのコースがあるプログラムを
考慮すると良いでしょうし、カタロガーになりたいならば、目録の授業が充
実しているプログラムを選ぶのが賢明です。こうした情報を集めるには、上
述の ALA の認定校リストから各プログラムを確認したり、教員や在学生、
卒業生から話を聞くことも有用です。

　大学に実際に見学に行くことができる場合は、キャンパスの雰囲気や、コ
ンピューターラボや図書館など施設を見ることができますし、子供がいる場
合は育児施設などの質を検討するのも良いでしょう（図 2）。学費やカリキュ
ラムの構成もまたプログラム選びに重要な要素になります。オンラインのプ
ログラムがあるのか、卒業に何単位必要なのか、フルタイムの学生が多いの

Alabama, University of	North Carolina - Greensboro, University of
Albany, State University of New York	North Carolina Central University
Alberta, University of	North Texas, University of
Arizona, University of	Oklahoma, University of
British Columbia, University of	Ottawa, University of
Buffalo, State University of New York	Pittsburgh, University of
California - Los Angeles, University of	Pratt Institute
Catholic University of America	Puerto Rico, University of
Clarion University of Pennsylvania	Queens College, City University of New York
Dalhousie University	Rhode Island, University of
Denver, University of	Rutgers University
Dominican University	St. Catherine University
Drexel University	St. John's University
East Carolina University	San Jose State University
Emporia State University	Simmons College
Florida State University	South Carolina, University of
Hawaii, University of	South Florida, University of
Illinois, University of	Southern California, University of
Indiana University	Southern Mississippi, University of
Iowa, University of	Syracuse University
Kent State University	Tennessee, University of
Kentucky, University of	Texas - Austin, University of
Long Island University (Conditional)	Texas Woman's University
Louisiana State University	Toronto, University of
McGill University	Valdosta State University
Maryland, University of	Washington, University of
Michigan, University of	Wayne State University
Missouri-Columbia, University of	Western Ontario, University of
Montreal, University of	Wisconsin - Madison, University of
North Carolina - Chapel Hill, University of	Wisconsin - Milwaukee, University of

表2　米国、カナダ、プエルトリコにある 60 の ALA 認定校

図2　育児教育サポートの例（ワシントン大学）
教職員・学生が利用できる育児施設の一般情報と、体験談が掲載されている。
http://hr.uw.edu/worklife/child-care/child-care-at-uw/
http://hr.uw.edu/worklife/child-care/testimonials/

か、卒業にかけて良い時間は何年か、卒業論文を必要とするカリキュラムなのか、などを検討する必要があります。

　また、学費支援の有無も大切な要素でしょう。奨学金、ティーチング・アシスタント、リサーチ・アシスタント、助成金、ローンなどを用意しているプログラムも多いです。そして、プログラムに、就職支援のプログラムが充実しているかも卒業後の仕事探しを左右するので重要となります。

　私はライブラリー・スクールを受験した時点で日本研究のサブジェクト・ライブラリアンを目指していたので、在学中に日本研究系サブジェクト・ライブラリアンになるのに役立ちそうなインターンシップが近場でできるロケーションがまず重要でした。そのなかから、ライブラリー・スクールランキングのトップ10（2007年時点）に入っているものを4校受け、幸い全部に合格したので、全ての大学に見学に行き、施設を見せてもらったり、在学生に会ったり、近隣の東アジア図書館にも訪問して、在学中にインターンなどをさせてもらえる可能性があるか尋ねました。

　なかでも面白かったのはUCLAでした。映画の街ハリウッドを抱える地域柄、ライブラリー・スクールを出て、エンターテイメント系の会社でライブラリアンになる卒業生が目立ち、アカデミック・ライブラリアンになることはもちろん可能でしょうが、自分の目標と違うクラスメートの割合が多そうな印象を受けました。最終的には授業料が全額カバーされ、毎月わずかながら給与も出してくれるというティーチング・アシスタントのポジションをいち早く用意してくれたシラキュース大学に進学することに決めました。後に別の1校も全額授業料を出すと言ってくれましたが、シラキュースに決めた後でした。他にも授業料を半額サポートしてくれるティーチング・アシスタント職を提案してくれる大学もありました。

　ライブラリー・スクールを受験するにはたいてい以下の条件が必要になります▶7。

- 学士号の学位とそのときの GPA（成績評価値：Grade Point Average）が 4.0 スケール換算で 3.0 以上。
- GRE（アメリカ合衆国やカナダの大学院へ進学するのに必要な共通試験の 1 つ：Graduate Record Examination）のスコア（既に別の分野の修士号を持っているならば免除というところもあります。私は 1 つ目の修士課程受験では GRE を受けましたが、ライブラリー・スクール受験時は修士終了証明で GRE は免除となりました）。
- 推薦書。
- 学習やキャリアの計画書（Statement of Purpose と言います）。
- 大学によっては面接が必要なところもあります。
- 外国人の学生は TOEFL のスコアの提出が必要になります。またビザ申請のために学費を払えるだけの経済力を証明する資料も必要となります。
- コンピュータースキルを要求するところもあります。

　願書の提出時期は入学の前の年の秋から年末にかけてで、奨学金やティーチング・アシスタントなどの申し込みをする場合はさらに締め切りが早い場合もあります。こうしたファイナンシャルエイドは大学のプログラムに申し込む他、自分が得意な学問領域がある場合、その学部でリサーチやティーチング・アシスタントを募集していないか問い合わせるのも賢明です。私は数学や日本研究などの教授や学部に問い合わせた結果、日本語のティーチング・アシスタントのポジションを得ることができました。これはつまり日本語学科がライブラリー・スクールに私の学費の支払いをしてくれたことになります。図書館が大きな大学のライブラリー・スクールに進学すれば、学内図書館でライブラリー・スクールの学生向けのアシスタントポジションが用意されている場合もあります。

　また、その大学で経済的サポートが提供されていない場合、大学外のサポートを探すのも良いでしょう。例えば、ALA Scholarship Program ▶8 は、特殊なエリアの図書館研究や、既に図書館でサポートスタッフとして働いている

人々、それからマイノリティの受験者を対象にした奨学金を用意しています。

　また、州内の図書館機関、州や国の図書館振興機関、地域の図書館、学術機関や財団が提供する奨学金もあります。こうした情報は ALA が提供しているので調べてみると良いでしょう▶9。

ライブラリー・スクールのプログラムの内容

　さて、ライブラリー・スクールではどのような勉強をするのでしょうか。ALA 認定校では一般的に情報組織、選書資料調達、利用者支援、テクノロジー応用、マネジメント、図書館倫理・歴史・サービス・哲学といった基本コースが盛り込まれています。また、特定の図書館や、特定の利用者、情報テクノロジー、アセスメントやリサーチ方法に関する授業も提供されます。

　学術図書館でのサブジェクト・ライブラリアンを目指してライブラリー・スクールに来る学生は、少なくとも目録、レファレンス、コレクション構築とマネジメントのコースを取ることになります。また、ほとんどの学生が情報テクノロジーや電子資料の作成や利用に関する授業を履修します。

　ライブラリー・スクールでは、オンラインプログラムを提供するところも増えてきました。私の在籍していたシラキュース大学のライブラリー・スクールも、授業がキャンパスで行われるレジデンスプログラムと、オンラインで提供されるオンラインプログラムがありました。レジデンスプログラムの学生はオンラインで授業を履修することもできるので、キャンパスで提供される授業で取りたいものの時間が重なった場合などは、どちらかをオンラインで履修することも可能でした。冬季は雪深いシラキュースという土地では、自宅から授業が受けたいというクラスメートもいました。また、キャンパスでのみ、もしくはオンラインでのみ提供される授業もありましたので、レジデンスプログラムにいればいずれの授業の履修も可能になるので、キャンパスにいたことは幸運でした。キャンパスのプログラムの利点は、クラスメートとの交流や授業中のディスカッションに参加できることです。またキャンパスにあるコンピューターラボなどの施設には最新のプログラムも入ってい

ますし、キャンパスや近隣の図書館でプロジェクトや、インターンができることも利点です。一方オンラインプログラムは講義のビデオをゆっくり聞いたり、オンライン掲示板でのディスカッションも自分のペースで読んだり投稿したりできるので、英語がネイティブでない学生でもしっかりついていくことができます。また、オンラインプログラムでは世界中に受講者がおり、シラキュースにいながら日本からの受講者と交流できたこともありました。

　私が卒業したシラキュース大学のライブラリー・スクールの場合、卒業には 36 単位必要でした。卒業には卒業論文を書くか、卒業プロジェクトとしてインターンをすることが求められており、いずれかを選ぶことができました。シラキュース大学のプログラムで提供されている授業▶10 を表 3 に紹介しておきます。

　私が履修した授業で、今でもその内容が仕事に役立っているものはいくつもあります。例えば、『図書館プランニング、マーケティング、評価』のクラスは、図書館で実施するさまざまな計画の立て方から、進め方、またその結果を評価の仕方を学ぶものでした。

　教科書の 1 つは『Blueprint for Your Library Marketing Plan: A Guide to Help You Survive and Thrive（図書館マーケティング計画の青写真）』▶11 で、図書館でのプロジェクトを始めるにあたって、利用者の必要の調査の方法、プロジェクトに必要な費用の集め方など、順序立てて学びました。

　もう 1 つの教科書は『Demonstrating Results: Using Outcome Measurement in Your Library（成果の見せ方、図書館で成果を測る方法）』▶12 でした。こちらは、図書館で行ったプロジェクトをどのように評価するか、プロジェクトの成果をどのように出資者や上司などに提示するかなどを学びました。

　この授業では 3 人 1 組で、実際に大学近辺の図書館のライブラリアンに問題点や改善したい点を聞き取りに行き、改善に向けた計画を提示し、実際にそのプロジェクトを 1 学期かけて行い、結果を評価し発表するという課題に取り組みました。この授業や課題の経験は今でも役に立っています。

I. 必須知識とスキル（19単位）
イントロ基礎（4単位）
・図書館情報専門家へのイントロダクション
・情報と情報環境
情報資料基礎（9単位）
・レファレンスと情報リテラシーサービス
・図書館プラニング、マーケティング、評価
・情報資料：整理とアクセス
マネジメントと政策（6単位）
・マネジメント原則と情報専門家
・情報政策
II. 選択学問領域（14単位）
（大体1つの授業が3単位なので以下から5クラス履修することになる。卒業後の進路希望に合わせて必要になる授業が何かを考慮する必要がある）
・学術図書館の新しい方向性
・情報分野でのプロポーザルの書き方
・インターネットサービス向けの情報構築
・ワイヤレスインタラクティブコミュニケーション
・ウェブコンテンツマネジメントとテクノロジー
・身体障害を持つ学生への図書館情報サービス
・データマイニング
・ナレッジマネジメント
・情報資料のカタロギング
・法律情報資料とサービス
・生物医学情報サービスと資料
・教育機関における情報テクノロジー
・ユースサービスとインフォメーションセンター
・情報利用動機
・情報管理者への応用経済学
・文化財保存
・図書館とアーカイブコレクションの保存
・リスクマネジメント事業
・ビジネス情報資料と戦略情報
・アーカイブコレクションの管理と運営

・分類と主題理論
・貴重書の運営と組織
・蔵書構築とアクセス
・電子情報検索サービス
・索引と抄録システムとサービス
・企業テクノロジー
・ユーザー基準のデザイン
・電子商取引
・情報システム管理プロジェクト
・情報専門家への弁論術
・人間とコンピューターの相互作用
・テレコミュニケーションと企業ネットワーク管理 I
・テレコミュニケーションと企業ネットワーク管理 II
・情報検索システム基礎
・データ管理コンセプトとデータベース管理
・学校での情報管理
・情報専門家への教育戦略とテクニック
・自然言語処理
・図書館と情報センターへの情報テクノロジー
・学校図書館を通した識字教育
・情報組織における戦略的プラニング
・電子図書館
・デジタルアクセスの作成、運営、保存
・電子商取引テクノロジー
・図書館とソーシャルネットワーキング
・図書館、アーカイブス、美術館
・上級図書館運営
・情報専門家と著作権
・テレコミュニケーションと企業ネットワーク管理 III
・電子図書館戦略の計画とデザイン
III. 卒業プロジェクト（3単位）
AかBから1つ選ぶ
A. インターンシップ
　150時間のインターンシップ
B. 独立研究
　私の周りではインターンシップを選ぶ学生が多かったように思いますが、図書館での就業経験がある学生は研究テーマを決めて独自研究を卒業プロジェクトにするようでした。

表3　シラキュース大学のライブラリー・スクールのプログラム（2017年度）

　『情報資料、整理とアクセス』の授業では、情報整理の基本概念から、効率的な整理の仕方を学びました。学期の初めには、さまざまな店や企業のウェブサイトのデザインから、情報の探しやすさ、探しにくさを評価し、人々の情報探査行動について考えました。それを踏まえて、情報の提示の仕方についても検討しました。この授業の課題の1つに、クラスメートにとってあまり馴染みのない情報を整理し系統立てて伝えるというものがありました。非科学的なテーマでも良いということだったので、私はアメリカであまり馴染みのない血液型診断をテーマに選び、日本では保育園のクラス分けや、軍隊の組分けが血液型によってなされていた歴史を紹介し、どの血液型だと、どのような性格の持ち主だと考えられているのかを話しました。この授業の後半は目録の基本について学びました。

　私はMLISに加えて、シラキュース大学が提供していたDigital Libraryのcirtificate（認定証）を取得するために、MLISの必須科目以外にも電子図書館関係の授業も履修していました。その中でも役に立ったのが、『電子図書館』という電子図書館の基本の基を学ぶ授業でした。人々の情報検索の傾向がグーグル化されていくに従い、図書館が決めた用語（例えば北米の大学図書館では議会図書館のルールに従った件名標目）を使った検索が利用者にとって不便になっていくだろうという考え方が紹介されたことが印象に残っています。そうした利用者行動の変化に図書館がどう対応できるかを考える課題が出されました。議会図書館が指定している学術的な件名に、一般の人々の使いそうな件名を追加していくという提案をしましたが、問題は、一般の人々が考えつく件名をどう知るのかという点でした。2008年のことでしたので、当時登場しつつあったクラウドソースを用いた件名作りを提案した覚えがあります。丁度カーネギーメロン大学の計算機科学科のルイス・フォン・アーン博士が「目的を伴うゲーム」（Games With A Purpose, GWAP）を考案したばかりで、人々がゲームをしながら、データーやリソースを生み出すという理論を利用したいと思いました。例えば、博士が考案し、後にグーグルに買収されることになった、ESPGame（オンラインゲームの様なプラットフォーム内で、提示された

画像に関して、2人の参加者達が、連想される語句を制限時間内に入力し、もし両者が一致すれば点が与えられるというもの）の原理を使えば、議会図書館の件名にも多くの一般利用者が検索に使う用語が集まるのではないかと考えたのでした。私はサブジェクトライブラリアンなので、こうした図書館データベースを構築する立場にはありませんが、情報とテクノロジーについて深く勉強した機会は、現在デジタルヒューマニティを考える際に大変役に立っています。

MLS（図書館学修士）はサブジェクト・ライブラリアンの就職に必要か

　2013年の調査では13％の学術図書館館長がすでにライブラリアンの職にMLSの有無を問わないとし、10％が将来的にはそのようになるだろうと回答したという結果でした▶13。その理由としてはライブラリアンの募集に対しての応募者数を増やす必要があること（MLSを求めていては十分な応募が無い）とMLSがそこまで必要でない職だから、というものが半々といったところでした。特に地方ではMLS保持者が少なく、そうした地域の図書館ではMLSを保持しない求職者もターゲットにしなくてはならないようです。全米で見るとMLS保持者が余ってしまっているのに、皮肉なことです。

博士号を持つライブラリアンの苦悩

　最近ではMLSは持たず他分野の博士号を持つ者がサブジェクト・ライブラリアンになり、ライブラリアンの職につきながらMLSを取得するケースもあるようです。同時に、博士号を持つライブラリアンにも苦悩があります。博士号を持つゆえの、サブジェクト・ライブラリアンの仕事に与える影響に関する調査があります。博士号を持つ524人のライブラリアンにアンケートをとった研究調査の結果は以下の通りでした（表4・5）▶14。

表4　博士号を持つ利点

1	36.1%	教授陣と同等で良好な関係を築くことができる
2	34.5%	学問領域の専門知識がある
3	26.7%	利用者に親近感を持つことができる
4	26.3%	研究過程の理解ができる

表5　博士号を持つことによる難しさ

1	32.30%	同僚がライブラリアンとしてのスキルを認めない
2	19.70%	研究者とライブラリアンの両立（研究分野と図書館分野両方のトレンドを追う）
3	14%	専門の学問領域知識を持っていることが重要視されない
4	11.20%	高等学位が給与に反映されない

(2) 必要条件2―スキルや経験としての条件は何か

　さて、先程の募集要項（本書60～61頁）を見てみると、学歴に加えて、チームのなかで協力できること、コミュニケーションスキル、言語も含めた担当学問領域の知識、学問活動に精通していること、優先順位や問題解決能力を含むプロジェクト管理能力、などのスキルが必須とされていました。また、言語や担当学問領域の知識や、学術出版や研究活動などの学問活動に精通していることが求められています。募集要項で必須スキルとして挙げられていたものを多かった順に掲げました（表6。2014、2016、2017年の調査による）。

　ここで挙がったスキルは、具体的には一体何を求めているのでしょうか。表6の1から23まで、私の理解するところを順に述べていきます。

1　協調性

　第1章のなかの「誰と働くのか」の項目で、サブジェクト・ライブラリアンが一緒に働く人々の多さについて触れましたが、図書館ではさまざまな物事の決定や管理にあたって委員会が形成されます。民主主義を大切にする国だからか、何事もチームで決めるというスピリットで、チームワークは欠かせません。ライブラリー・スクールと1つ目の修士（韓国研究）のときの生活で変わったことは、チームワークのプロジェクトが多く、1人で勉強するより、チームでプロジェクトを組み立てる時間が増えたことでした。このこ

1	協調性	collaboartion skill	15件
2	コミュニケーション能力	communicat:on skill	14件
3	言語も含めた担当学問領域の知識	subject knowledge language skill	11件
4	研究活動への精通	know scholarship/educational setting	9件
5	自立・率先性	independent initiative	8件
6	優先順位や問題解決能力を含むプロジェクト管理能力	project management set priorities problem solving	7件
7	テクノロジー	technology	7件
8	担当学問領域の出版事情・資料に精通している	familiar with the resources in the field	5件
9	デジタルリサーチ能力	know digital research	5件
10	サービス精神	service oriented	5件
11	課題のリサーチ能力	research skill	4件
12	図書館分野職や図書館の勤務経験	comparable experience library experience	4件
13	多様性（Diversity）へのコミットメント	commitment to diversity	4件
14	教室教育の経験	teaching experience and skill	4件
15	専門的能力の開発、学会やトレーニングへの参加が一般的、学会会員になること	professional developmentmembership in specific academic organization	4件
16	コレクション構築	collection development	3件
17	創造性	creativity	3件
18	レファレンス経験	reference experience	3件
19	データ管理能力	data management	2件
20	自己やプロジェクトなどの評価をする能力	assessment	2件
21	適応性・柔軟性	flexibility	2件
22	ユーモアのセンス	humor	2件
23	図書館普及活動（マーケティングの能力）	promote library	1件

表6　サブジェクト・ライブラリアン募集要項に見る必須スキル（多い順）

とは就職しても続きました。もちろん1人でオフィスにこもってレファレンスを解いていることもありますが、委員会のミーティングや同僚とブレインストームをしていることも多いです。本を1冊買うにも、注文の担当者に、そのタイトルが重複していないか確認してもらい、注文を出し、請求書を処理してもらう必要があります。特定の授業向けに本をリザーブにするには貸出チームの助けが必要です。図書館の同僚だけでなく、コレクション構築のためには教授や学生のニーズを知るべく図書館利用者と話し合う必要もあります。このようにチームワークのなかで仕事が流れて行くので、同僚や利用者との協調性は不可欠です。大学や大学院で行ったチームプロジェクトや、

課外活動でのチームプレイの経験などが役立つでしょう。

　また、インターネットの発達や、オンラインラーニングの増加で、図書館に足を運ばない利用者も増えています。そうした利用者にオンラインでサービスを提供するなど、社会変化との協調性も求められます。

　協調性は非常に重要視されており ALA のレファレンス・利用者サービス協会（RUSA:Reference and User Services Association）がレファレンスと利用者サービスのライブラリアンに不可欠なエッセンスを盛り込んだ ALA Professional Competencies for Refernece and User Services Librarians ▶15 のなかでも表 7 の通り提案されています。

2　コミュニケーション能力

　同僚に仕事を依頼するとき、質問するとき、質問に答えるとき、いかに端的にコミュニケーションを取るかは重要です。また、利用者とのコミュニケーションは特に、レファレンス対応をするときや、教授陣からインストラクションの依頼を受ける際など、ニーズを的確に聞き出すことがまず必要になります。レファレンスの質問をした利用者の知識レベル、日本研究分野の利用者（研究者）であれば、日本語ができるのか、どこまで調査したのか、調査の目的は何なのか、いつまでに調査しなくてはならないのか。インストラクションの依頼を受けた場合には、教授の授業に出ている学生の背景はどのようなものか（言語や知識のレベル）、授業の規模、インストラクションの目的（ライブラリアンの紹介程度なのか、具体的なプロジェクトに向けたイントロなのか）などを確認しておく必要があります。

3　言語も含めた担当学問領域の知識

　地域研究の担当者は特に外国語の知識が求められます。研究をサポートすべく文献を探したり読んだりするにも、またコレクション構築のために外国から出版物を取り寄せるにも担当言語の知識が不可欠です。また研究をサポートするには、その学問領域に詳しいに越したことはありません。私は修

利用者との協調

　目的：利用者の情報探索におけるよき協力者でありパートナーであること。

　ストラテジー：

・Guidelines for Behavioral Performance of Reference and Information Service Providers に挙げられているガイドライン▶16 を活用する。
・利用者に情報探索プロセスのなかで意見やアドバイスを問う。
・決定をする場面では利用者と一緒に行う。
・利用者が持っている知識を活用する。
・自館で持っている資料の限界を認め、ふさわしい他機関の資料を案内する。

同僚との協調

　目的：利用者へ質の高いサービスを提供するために同僚と緊密に協力しあう。

　ストラテジー：

・同僚が利用者からの質問に対応するのに役立つ知識、スキル、強みを持っていることを認識する。
・適切なときには同僚からの助力を求める。
・同僚と知識や専門性を共有する機会を模索する。
・利用者へのサービス向上に向けてチームとしての協力をする。
・チームの一員として効果的に働く。
・聞く、話し合う、信頼するなどチームプロセスの規範をしめす。
・利用者サービスの向上に向けて共通の目的や価値感を築く。

図書館業界内での関係

　目的：利用者サービスの向上に向けて、業界内での協力関係を築く。

　ストラテジー：

・地元、地域、州、全国、また国際組織に積極的に参加することでネットワークの機会を得る。
・利用者サービスを拡大するのに必要なパートーナーを見つける。
・地元の利用者に寄与すべく州や全国レベルの協力活動でボランティアをする。
・Guidelines for Behavioral Performance of Reference and Information Services Professionals ▶17 の「5.0 Follow-up」の項目を利用する。

図書館や業界外での関係

　目的：利用者サービスの向上に向けて、図書館や業界外との協力関係を築く。

　ストラテジー：

・図書館利用者に有用な知識や専門を持ったパートナーを見つける。
・目的や価値を共有できるパートナーと効果的にコミュニケートする。
・既存のもしくは新しい製品やサービスを向上させたり立ち上げるのに有用なパートナーシップを築く。

表7　ALA Professional Competencies for Refernece and User Services Librarians に見る、よりよいレファレンスと利用者サービスのライブラリアンに不可欠なエッセンス

士号が韓国研究ですが、日本研究と韓国研究は隣同士の学科で、大学院時代には日本研究の領域の授業（日本文学や日本史）も受講したり、日本研究科でティーチング・アシスタントをしていたため、日本研究が米国でどう研究されているか知っていたことは就職活動の際にアピールになりました。言語や担当学問領域の知識は、その言語や学問領域を高等教育で学んだ経験や、特に言語は資格や留学経験なども説得材料になりそうです。担当学問領域については、私の周りのサブジェクト・ライブラリアンでは学位どころか修士や博士号でアカデミックトレーニングを積んできた人が多いように思います。

4　研究活動への精通

　サブジェクト・ライブラリアンの仕事の目的は、担当学部や学科の利用者の研究活動を円滑にすべく、図書館からサポートすることです。それゆえ、彼らの研究活動への理解は不可欠です。研究活動はやはり自分でその体験をしないとわからないものではないでしょうか。このために、修士や博士課程で研究を積んだライブラリアンが好まれるのは納得が行きます。また、特にテニュア（終身雇用）のポジションでは、自らが出版や学会発表またティーチングの仕事を課され、そのなかで教授や大学院生が通過する研究活動を体験することになります。

5　自立・率先性

　協調性もさることながら、1人で働く時間もそれなりにあるサブジェクト・ライブラリアンは自立し、1人でプロジェクトを始めたり、進める能力が必要です。図書館全体に共通した課題であれば、同僚にサポートやアドバイスを求めることもできますが、学問領域に特化した内容になると、その分野のライブラリアンは恐らく学内に自分1人となりますから、何でも1人で解決する必要が出てきます。個人的には今の職場に移って、日本研究のサブジェクト・ライブラリアンは1人に違いありませんが、役職は異なりながら、日

本語コレクションを担当する同僚（目録や購入スペシャリスト）がいるので心強いです。

6　優先順位や問題解決能力を含むプロジェクト管理能力

　ライブラリー・スクールでの課題のほとんどはプロジェクトベースでした。コレクションから不必要なタイトルを取り除くウィーディング・プロジェクト（Weeding Project）、特定の授業を教えるプロジェクト、コレクションをカタログ・アーカイブするプロジェクト、などです。ライブラリアンになってからも、毎日がプロジェクトの連続です。寄贈のあった雑誌整理の仕事（コレクションに加えるか否か、加える場合どのように製本（図3）しカタログするのか、加えたものはどこに保管するのか）、どうしても入手したい、しかし手がでない資料があったとき（出版社に交渉して半額近くにまで値切ったこともあれば、グラントに応募して事なきを得たことも）、不可解な資料が発見されたときには各部署や日本の専門家に問い合わせて整理の仕方を考えたり、新しい電子資料を購読する際、契約書をライセンス・ライブラリアンと検討したり。さまざまなプロジェクトが同時進行するなかで、締切を設定したり、優先順位を決めて、問題を解決していくことが大切です。

図3　ワシントン大学図書館の雑誌製本に関するサイト
http://www.lib.washington.edu/preservation/preservation_services/binding

7　テクノロジー

　インターネットやデータベースでの資料探しはもちろんのこと、購入や目録作りなどコレクションをオンラインのシステムで管理することは基本中の基本です。また電子書籍を購入し、プラットフォームの使い方を紹介するビデオをスクリーンキャストで作る。作ったビデオや研究に役立つ情報は LibGuide（リブ・ガイド

やライブ・ガイドと言う。本書 127 頁参照）や、ツイッター・フェイスブックなどソーシャルネットワークサイトで発信する。図書館集客のために FourSquare を導入する。チャットなどを通してオンラインレファレンスに対応する。共同研究者と Google+ などでビデオ電話で会議をし、共同文書をクラウドで共有する。研究成果はオープン・アクセスのプラットフォームで発表する。このようにサブジェクト・ライブラリアンの毎日の仕事でテクノロジーは欠かせません。

8　担当学問領域の出版事情・資料に精通している

　担当学問領域に必要な資料を揃えるためには、その学問領域の資料がどこで手に入るのか、どこで出版されているのか、いないのか、その場合、代わりとなる入手ルートはどこになるのかなど知り尽くしておく必要があります。私の場合、日本研究関係資料は、新書・古書は日本の書店で取引のある何件かのベンダーさんにお願いしています。日本語の資料でも、日本国外で（例えばブラジルの日系出版社によって）出版されているものもあります。また出版市場に出てこない自費出版（寄付収集のための出版物など）や地方の資料もあります。これらは、結局日本のベンダーさんに探して頂くことになります。どの出版社がどういう分野に強いなどといった知識はとても助けになるもので、出版社の方々から頂く情報が有用です。

9　デジタルリサーチ能力

　デジタルリサーチ能力には、サーチエンジンやデータベースを使った効率的なサーチ、オンラインコンテンツの情報の信ぴょう性を判断すること、また発見した資料を文献管理ソフトにまとめたり、そこから共同研究者に共有したり、またリサーチ結果をオンラインで発表できることが含まれるでしょう。また最近ではデータの可視化、テキスト分析などデジタル・スカラーシップのスキルも重要となっています。こうした能力は自らの研究手段として、また、こうした研究方法で活動する研究者のサポートをするのにも不可欠な能力となります。

10　サービス精神

　サービス精神は利用者に対しても、同僚に対しても必要なスキルです。利用者や同僚が彼らの目的を達成するために自分が何をすれば良いのかを考えなければなりません。一般的にサービス精神があることをアピールするには、サービス関係のアルバイトやボランティアの経験を持っていると強いです。私は学生時代に図書館の貸出デスクで働いた経験やイベントのボランティアをした経験があったことをアピールしました。

11　課題のリサーチ能力

　リサーチ能力は、前述の通り、リサーチをしている利用者のニーズを知るにも大切ですが、テニュアのポジションでは、リサーチをし、論文を書き、適切なジャーナルや学会で発表できる能力が問われます。論文を書いて学会発表することは、研究者と同様にサブジェクト・ライブラリアンにも求められていることです。ライブラリアンの研究対象は書誌学的なものから利用者行動研究、図書館界動向などさまざまです。

12　図書館分野職や図書館の勤務経験

　図書館経験を必要条件とする募集は新卒のライブラリアンの受験のハードルを上げています。図書館でスタッフ職につきながら、もしくはついた後、ライブラリー・スクールに行ったり、ライブラリー・スクール在籍中に図書館でインターンシップやアルバイトができれば良いのですが、そうでないと、こうした条件のポジションには書類通過するのさえ難しくなります。私の場合は、1つ目の修士を終了した後、アーキビストのアシスタントとして1年間コロンビア大学の図書館で図書館職の経験を積むことができたことがライブラリー・スクールへの進学にも、その後の就職活動にも役立ちました。

13　多様性（Diversity）へのコミットメント

　「多様性」という言葉は米国全般で、2016年の大統領選挙中からさらによ

く聞くようになった言葉ですが、大学や図書館のなかでも今まで以上に重視されるようになってきています。2010年の国勢調査によると、米国における非白人の人口は27.6%にもなっているそうです▶18。また2014年に大学に進学した人種民族的マイノリティの数も41.7%となっています▶19。2016～2017年度、ワシントン大学では、学士の実に58.9%が非白人の学生です▶20。教育現場の多様化は何も人種や民族に限ったことではありません。女性の学生は男性の学生より多くなり、LGBTQの学生もいます。また経済的背景の違う学生、キャリアや子育てを終えた人が入学してくることもあれば、退役軍人が教育を受けに来ることもあります。ワシントン大学の2013年秋の在学生のうち、大学生の平均年齢は20.8歳で、大学院生では29.9歳でした。はたまた、さまざまな信条の学生もいれば、障がいを持った学生もいます。そのために、大学では、多様化に対応するための部門を設けて、図書館でも多様な学生に対応できるように努力しています。

　ワシントン大学にはChief Diversity Officer（多様性部門最高責任者）▶21を配置してThe Office of Minority Affairs and Diversityをはじめとする大学中のDiversity関係の活動を監督しています。ライブラリアンもまた、置かれた環境の特徴や価値観に合わせたプロフェッショナルになる必要があります。

14　教室教育の経験

　サブジェクト・ライブラリアンは、前述の通り、担当学部や学科で行われる授業に出張して、図書館講習を行います。また、図書館全体のオリエンテーションをすることもあります。そのときに、講習やオリエンテーションの構成や、アクティビティで参加者を惹きつける方法を、心得ておく必要があります。私は大学生のときに塾の講師や家庭教師をしていたことで、大学院時代にティーチング・アシスタントの仕事を得ることができました。また、ティーチング・アシスタントをしていたため、図書館の仕事に応募したときに、米国の教育現場で、教えるのに抵抗がなくすみました。学生時代にティーチング・アシスタントをした際にはワークショップやトレーニングで、教室

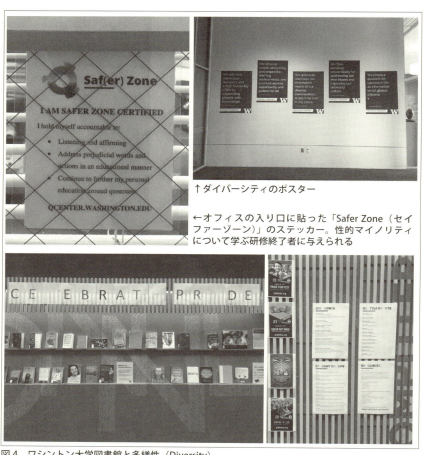

↑ダイバーシティのポスター

←オフィスの入り口に貼った「Safer Zone（セイファーゾーン）」のステッカー。性的マイノリティについて学ぶ研修終了者に与えられる

図 4　ワシントン大学図書館と多様性（Diversity）
2017 年 6 月 LGBTQ プライド月間に合わせて LGBTQ をテーマにした推薦図書を展示（ワシントン大学学部図書館）。プライド月間中のイベントなどの情報もあわせて紹介。

文化の作り方や、リーダーシップの取り方などを学べことが非常に役立ちましたし、仲間や担当教授から授業の構成の仕方、教材の作り方、宿題の出し方、理解度の評価の仕方が学べたことも貴重な経験となっていました。

15　専門的能力の開発、学会やトレーニングへの参加が一般的、学会会員になること

　ライブラリー・スクールを出てからも引き続きライブラリアンとしての専門能力を伸ばし続けることはよく求められます。そのため、学会や研修に参加し、分野に貢献するために論文を出していることは評価されます。私はライブラリー・スクール在籍中に、アジア関係の学会に出席したり、国立国会図書館のオンラインコースに参加して、日本研究領域の知識習得のための活動に参加していたことがポテンシャルとして評価されたようでした。

16　コレクション構築

　利用者のニーズをはかり、ニーズに応えるコレクションを構築するのは、サブジェクト・ライブラリアンの大きな任務の1つです。ライブラリー・スクールでは、プログラムが始まって一番はじめの授業で、コレクション構築のプロジェクトが課されました。私は学内の韓国研究の教授と、アジア研究担当のライブラリアンにお願いして、韓国研究向けコレクションのウィーディング・プロジェクト（Weeding Project）を行いました。このプロジェクトでは貸出記録を点検して、10年間貸出の無かったもの、韓国研究の教授の研究や授業に関係のないもの、学術的でないものを取り除く（weed）作業となりました。

17　創造性

　図書館でのイベント、コンテスト、展示、ジョイントプロジェクト、サービス提供、読書会、図書館空間デザイン、コレクション構築、これらライブラリアンの日々の仕事を遂行する上で、創造性は欠かせないものです。想像力、創造性がなくては、こうした活動をうまく進めることはとても難しいか、つまらないものになってしまうでしょう。

18　レファレンス経験

　サブジェクト・ライブラリアンの仕事は、担当学部・学科の研究者のリサーチを手伝うことにあります。それゆえ、彼らのあらゆるレファレンスに答えることになるので、レファレンス経験が問われることになります。レフェレンス経験はライブラリアン職につく前に経験の機会を得るのに難しかったスキルの1つでした。幸運だったことは、ライブラリー・スクールを出てすぐに応募する仕事でも、レファレンスの経験を問われる仕事が多いことを知っている先輩ライブラリアンたちが、レファレンスを体験できるよう取り計らってくれたことでした。コロンビア大学でアーキビストアシスタントをしているときは、私のボスが私がライブラリー・スクールに進みたがっていることを知ると、貴重書室と一般閲覧室のレファレンスでの担当時間を設けてくれました。その際も、1人でデスクを担当するのではなく、まずはベテランのレファレンスライブラリアンたちと一緒に座らせてくれることで、質問にどう答えるか教えを得ることができました。「こういうデータベースと図書館の OPAC を開いておいて、ここにメモ帳と鉛筆を置いて、笑顔ができたら準備完了よ！」私の最初のレファレンスデスク体験はそんな風に始まったのでした。ライブラリー・スクールに入ってからは、新学期の図書館イベントを手伝いながら、新入生の質問に答える練習ができました。また授業でも、Yahoo Answer で行われている質問と答えのセッションに「乗り込んで」、より信ぴょう性のある資料とそこから出した答えを提供するというプロジェクトもありました。しかしながら、授業で学ぶレファレンスは地域研究など専門分野のものではなく、一般的なレファレンスにいかに答えるかを訓練されますので、日本研究のレファレンスの勉強は日本研究分野の先輩ライブラリアンやレファレンス共同データベースのサイトに紹介される事例などから勉強することになりました。

19　データ管理能力

　データ管理とは、リサーチに関係するデータ（表形式、数値、統計、地理空間、

82

映像、マルチメディア、など）を収集整理したり、表現したり、共有したり、保存したりすることです。データ管理は、プロジェクトにかかる時間の短縮になります。また研究データをオンラインで管理すれば研究成果が発見・参照されやすくなったり、オープンアクセスへの協力にもなるので現代の研究には不可欠です。

20　自己やプロジェクトを評価する能力

　シラキュース大学のライブラリー・スクールの必須授業の例として、Library Planning, Marketing, and Assessment（図書館計画、マーケティング、評価）を挙げましたが、この授業では、図書館をよりよくするためにどんな企画をし、進め、またその結果をどう評価するのかを学びました。こうした授業が必修になるくらい、ライブラリアンが自分の進めるプロジェクトを見極め評価することが求められているということです。米国はさまざまな場面で客観的な評価の提出が求められる文化です。出張に出掛けても、会議やイベントをしても、何がどう日々の仕事や大学にとって有用だったのか評価するよう求められます。

　また新しい規則を作ったり、プロジェクトを始めるにもまず現状の評価をすべく、アンケートや聞き取り調査からスタートさせることになります。

　ARL が提供する図書館サービスの査定評価システム LibQUAL+（ライブカル）があるように図書館が金銭的な利益を生み出さないという特質から、金銭以外の要素で、資産が図書館の資料やサービスに有効に活用されているかを示す努力がなされています。

21　適応性・柔軟性

　適応性や柔軟性はどんな職場でも問われそうな素質ですが、日々変化する図書館情報の世界でも柔軟に適応できる人材が必要です。ワシントン大学では、最近、新しい次世代型 OPAC を導入し、購入やカタログの作業をするプラットフォームも一新されました。こうなると、新しいプラットフォーム

での作業に慣れ、またそのプラットフォームを効率よく使う必要があります。また、先程も述べた通り、図書館の仕事では同僚や利用者とのチームワークが欠かせません。相手によって、柔軟に対応する必要があります。

22　ユーモアのセンス

　ユーモアのセンスが必要とされている求人を見たのは初めてでした。これは、社会学・政府文書ライブラリアンのポジションで求められていました。

23　図書館普及活動（マーケティングの能力）

　図書館が本を借りるだけの場所でなくなって久しく、現在はさまざまなイベントやサービスを計画し提供しています。これを精力的にまた戦略的に宣伝するスキルは欠かせません。もちろん、図書館のミッションと目標を念頭に置いた上で、利用者の必要にどれだけ応えられるかが鍵となります。2010 年 1 年間の大学図書館の募集で見られた条件についての研究（promotion responsibilities）▶22 によると、149 件の募集要項のうち（アカデミック・ライブラリアンの募集全体を見ており、サブジェクト・ライブラリアンとは限らない）2000 年から 2009 年までは、マーケティングやプロモーションのスキルが求められている仕事が毎年 3 から 14 件でしたが、2010 年には急に 32 件に増えています。Google の台頭などにより利用者が図書館へ足を運ばなくなったことを懸念して、ライブラリアンにブランディングのスキルが要求されるようになってきているように思います。図書館だからこそできるサービス、利用者が図書館に来る利点を売り込める技能が今とても必要です。

(3)　ライブラリアンになることを決めたら準備しておくこと

　ここまで、サブジェクト・ライブラリアンになるには、教育的条件（多くの場合 MLS）とその他さまざまなスキルが要求されることを紹介しました。それ以外に準備できることはなんでしょうか。

　第一にライブラリアンになることを決めたらすぐにでも、ライブラリアンの求人情報を隅々まで網羅することです。インターネットで簡単に手に入り、それを見れば雇用市場の傾向を知ることができるので、ライブラリー・スクール選びや、授業の取り方、インターン先を計画する上でも有効です。

　第二に、ライブラリスクールを卒業するまでに図書館業務経験を積むことです。求人情報を調べ始めて気づくのは、新卒者が応募できるエントリー・レベル職でも、2～3年の図書館経験が求められていることです。このため、ライブラリー・スクールを卒業するまでに図書館でのアルバイトやインターンシップ等でこうした分野での経験を重ねることが重要です。その他、ライブラリー・スクールでは地域の図書館を舞台にしたプロジェクトも課されるので、そうした機会も、将来就きたい仕事に関連させるなどして、賢く使うのがよいでしょう。このように早い段階から目的意識を持って行動することで、自分のキャリアに必要な専門知識の理解・習得、幅広い人脈の構築が可能となり、他の求職者との差別化ができます。

　第三に、図書館情報学以外のスキルを身につけることです。組織運営の合理化が進んでいますので、複数のスキルを持って多様な仕事に取り組める人材が重宝されます。例えば教員の資格と図書館情報学修士号を両方とも取得した人は、情報リテラシー授業で教えるスキルが求められる学術図書館員の職で強みを発揮できるでしょう。米国の東アジア学系の図書館では1人の図書館員が複数の分野（韓国研究と日本研究など）を掛け持ちで担当することもあります。こうした職につくには、それらの分野を担当できるだけの専門分野の学位取得、学術的バックグラウンド、言語知識を兼ね備えておく必要があります。

(4)　募集はどこに出るのか

　ライブラリアンのポジションはたいていナショナル・サーチといって全国に募集をかけます。

米国での図書館での仕事探しの情報源は豊富ですが、特に ALA や ARL、州ごとの図書館組織のウェブサイト、また学術図書館であれば学会組織や大学教育をテーマにした Chronicle of Higher Education 誌▶ 23 の情報が有用でした。募集を出す図書館のウェブサイトにも求人リストは挙がっています。東アジア学系の図書館の求人情報は東アジア学系の図書館に関するメーリングリストから情報を得ることができます。

　ほとんどの募集がオンラインで出されますが、就職支援のしっかりしているライブラリー・スクールでは学部専門のキャリアアドバイザーが募集が出るサイトをまとめて提供しています。例として、ワシントン大学の情報学部のウェブサイト▶ 24 にある図書館関係の募集要項の出されるサイトの主なものを表 8 に掲げておきます。

図書館勤務の経験の少ない新卒にぴったり「レジデンスプログラム」

　エントリーレベルとうたっている職でも何らかの図書館での勤務経験が必要になることが多いと書きましたが、図書館勤務の経験の少ない新卒にぴったりなのが、「レジデンスプログラム」です。

　医者になる前にレジデントとして働く期間があるように、ライブラリアンにもレジデントとして 6 ～ 24 ヶ月程度の期間、有給で経験のあるライブラリアンたちと働くことができるプログラムがあります。この期間中レジデントはレファレンス、貸出、テクニカルサービス、インストラクションなどさまざまな部署を回ることができるのが特徴で、どのような部門に自分が適しているのかを知ることができます。また任務を終える際には図書館職員や教員たちの前でプレゼンテーションをすることになっているようなので人前で発表するスキルも身につきそうです▶ 25。

　レジデントにとってはさまざまな部門を見る機会になり、ライブラリアンたちから指導を受けられることも有用でしょう。また何より、新卒ですぐに有給で仕事につけることは、今の図書館の厳しい就職事情ではありがたいことです。それに、卒業後 1 年未満の応募者のみを受け付けることも多いので、

図書館職の募集情報サイト
　ALA Employment Opportunities
　International Librarian Job Postings
　JobLIST
　Library Career Information
　I Need A Library Job
　I Need a Library Job: Washington Listings
　Library Job Postings on the Internet
　Library and Information Technology Association (LITA) Jobs Page
　MLS-Related Job Listings in U.S.
　Employment Resources for Librarians

図書館職募集情報メーリングリスト
　Library Jobs Listserv
　Employment Resources for Librarians Listserv Subscription Information
　LIBJOBS
　NEWLIB-L

専門図書館の募集
　American Association of Law Libraries
　Art Libraries Society of North America
　Association of Research Libraries
　Music Library Association
　North American Serials Interest Group Job Listings
　SLA Current News Library Job and Internship Openings

ローカル図書館での募集
　King County Library System Employment Opportunities
　Seattle Public Library
　Pacific Northwest Library Association Job Openings
　Sno-Isle Regional Library System
　Timberland Regional Library
　University of Washington Libraries

表8　図書館関係の募集要項の出される主なサイト（ワシントン大学の情報学部の就職支援サイトによる）
https://ischool.uw.edu/current/mlis/career-services

一般のポジションよりも競争率も下がります。また図書館にとっても、新卒のフレッシュなアイデアやスキルを図書館に導入でき、そのままレジデントが雇える可能性もあります。また未来の図書館界のリーダーを育てるというミッションを果たせる意義も大きいでしょう。

　こうしたレジデンスの募集も先程の各大学のライブラリー・スクールのキャリアのページに投稿されたり、ACRL のページ内▶26 で発表されます。

2. 米国学術図書館への就職のプロセス
——私の就職活動記から

　ここからは私が 2009 年 1 月に日本研究司書の職につくまでの体験をもとに、米国学術図書館への就職のプロセスについて紹介したいと思います。

1 つ専門と呼べる分野の修士を持つべき

　「はじめに」でも書いた通り、私のライブラリアンという職への関心は、米国の大学院に留学してライブラリアンたちの助力を得たところに始まります。当時お世話になったライブラリアンやアルバイト先の図書館の館長に、どうしたらライブラリアンになることができるか尋ねたことがありました。そのとき私は大学院 1 年目を終えようとしていて、ライブラリアンになりたいなら専攻を当時の国際関係学（韓国研究）から図書館学に変えるべきなのではないかと考えていたので、アドバイスを頂きたいと思っていたのでした。しかし、答えは「1 つ専門と呼べる分野の修士を持つべき」というものでした。そこで初めてサブジェクト・ライブラリアンになりたいならば、何か専門の修士が必要になるということを知ります。そのようなわけで、私は所属していた国際関係学での修士課程を終了させることに集中しました。これは後々、サブジェクト・ライブラリアンの仕事に応募する際に本当に役に立ちました。

　国際関係学の修士終了後、MLIS（シラキュース大学は学位名を MLS ではなく MLIS - Master in Library and Information Science としている）に進む前に、私は Optional Practical Training（米国で学位を取った学生が卒業後、専攻に関連した分野で 1 年間働ける特別許可制度のこと）を利用して、図書館で働いてみることにしました。およそ 50 館ほどの公立図書館、大学図書館で MLS を必要としない図書館の仕事に応募しましたが、唯一雇用してくれたのがコロンビア大学の東アジア図書館のアーキビスト・アシスタントの仕事でした。

　実のところ、私はどうしてもその仕事が欲しくて、仕事も決まらぬまま、大学院のあったシアトルから、コロンビア大学のあるニューヨークまで引っ

越しをしたのでした。というのも、アシスタントのポジションでは引越し代も出ないし、全国からリクルートすることもなく、即日勤務可能な地元の候補者から雇うだろうとの情報を受けたからでした。ニューヨークにスーツケース 2 つで渡り、翌日には仮住まいのシェアアパートと 1 ヶ月のパートタイムの仕事を決め、電話番号もニューヨークの市外局番のものを取得した私は、履歴書にはニューヨークの住所と電話番号を載せて、地元の候補者としてそのコロンビアの仕事に応募しました。これが功を奏したのか、1 ヶ月のパートタイムの仕事が終わる頃に面接に呼んで頂くことになりました。コロンビア大学では、大学図書館の人事、東アジア図書館の館長や私がアシストすることになるアーキビストとの面接が数時間あり、結果はすぐその日にでました。

ワシントン大学図書館（セントルイス）の募集要項

　ライブラリアン職の応募から選考のプロセスについても見てみましょう。募集要項▶27 は次のようなものでした。

必須事項
・ALA 認定校の MLS かそれに準ずる図書館学の修士。
・多様性を持つ従業員がもたらす効果に対して理解とコミットメントがあること。
・英語と日本語での読み書き会話の完璧なスキルがあること。
・日本研究向けの学術資料、参考資料、電子資料、最新の研究方法に精通していること。
・高いコンピューターリテラシーと最近のテクノロジーへの技術と知識。
・日本研究と関連分野について継続的に学ぶ意欲。
・コンサルティング、協力、創造性が不可欠な環境において独立して、また周囲と協力して働ける。
・利用者サービスの向上と提供への強い関心。

89

あると望ましいスキル

・MLS 取得後の図書館か関連機関での仕事経験が 2 年以上ある。
・学部か大学院で日本研究を専攻し、社会学と人文学の学問分野の広い知識があること。
・蔵書構築と図書館講座担当の経験。
・学術図書館での対利用者サービスの経験。
・目録作りの経験があり、OCLC、MARC21（MAchine-Readable Cataloging：米国とカナダで利用されていた機械可読目録データフォーマットの統合されたもの）、AACR2（Anglo American Cataloguing Rules. 2nd edtition：目録データ作成のルール）、米国議会図書館件名標目表などの目録作成ツールや規則を熟知している。

　やはり、MLS は必要で、他のポジションのようにコミュニケーション能力や担当学問の資料や分野の学術知識、独立してまたは他者と協力して働くスキルが求められていました。あると望ましいスキルに入っているものは、どれも日々の仕事に直結していて、これらはどちらかと言うと無いと仕事にならないようなスキルです。

選考はどのように進むか

　さて、選考はどのように進むのでしょうか。ライブラリアン職の選考委員会の一員となったことがこれまで前職と現在の職場でそれぞれ 1 度ずつありました。チームは 5 人程度で構成されており、選考委員会のリーダーは募集ポジションの上司になるライブラリアンだったり、職能の近いライブラリアンでした。委員会の構成員には、募集ポジションの同僚になる人、親しく働くことになる部署の代表として、IT、サブジェクト・ライブラリアン、カタロガーなどのグループから 1 人ずつが選ばれていました。私はサブジェクト・ライブラリアンの代表だったり、マイノリティのライブラリアンの代表でした。こうしたバラエティーを持ったチームで、そのポジションについて、ど

んな人材が欲しいが吟味し、求人広告を作り、応募者の履歴書を読み、電話面接に進む候補者を何人か選び、グループで電話面接をし、最終面接に進むべき人物を3〜4人まで絞ります。

　どのような人材が欲しいかは、それぞれの職能や立場から異なることもあり、それを1つにまとめるのに時間がかかります。最終面接に進む候補者が選ばれると、どのレストランでインタビューディナーを行うか、プレゼンテーションはしてもらうのか、その場合のお題は何がふさわしいかなどもチームで決めます。

　雇用委員会の経験を通して確信したのは「あると望ましいスキル」は「必須事項」に入れてしまうと応募者数を減らしてしまうので、その仕事を遂行するために「必須」な事項であっても「あると望ましい」にカテゴライズされるということでした。結局、募集要項に見られるスキルは全て持っているか代わりになるスキルを持っているに越したことはないと確信しました。

　また面接は英語で inter-view というだけあって、応募者たちも転職目的や価値観に合う職なのかを確認するために多くの質問を持って面接に望んでいます。そのため、委員会のひとりひとりも自分の立場から、その候補者にその職の魅力を語る必要があります。

履歴書と面接のプロセス

　さて、私の通った面接のプロセスは、一般的な学術図書館ライブラリアン職の場合と同様、応募、電話面接、キャンパスビジットの3段階でした。

　応募時は大学の人事のページからオンラインフォームと履歴書、カバーレターを提出しました。以前働いていた米国内の図書館の上司やライブラリー・スクールのアドバイザーら推薦者3人からは推薦書を直接応募先の人事宛てに送ってもらいました。

　履歴書にはその仕事に関係する学歴や職務・ボランティア経験のみ書くことになります。カバーレター（送付状）には、求人情報に掲げられた条件に関して1つずつ自分ならばどのように応えることができるか丹念に示しま

図5　電話面接対策
聞かれそうな質問とその答えを壁一面に貼って臨んだ。

す。また、最低給与の条件もあれば応募用紙に記入欄があったり履歴書に明記するようにと言われることもあります。余談ですが、米国の求人シーンにおいて、年齢やセクシャリティ、既婚未婚、人種、移民ステータスなどを聞くことは違法となっています。名前や、学歴からいくらかその人のバックグラウンドがおよそわかる場合もありますが（私の場合は卒業大学が日本でしたし、なまりもあるので外国人であることはわかったはずです）そうした条件で雇用を決められないことになっています。

　応募から約1ヶ月半で電話面接の通知がありました。電話面接は、電話会議方式で、選考メンバー4人と話しました。電話面接で質問されたのは、「なぜ応募したのか」「仕事内容で何に一番自信を持って取り組めるか」「何が一番自信のない分野か」「なぜ自分こそが採用されるべきだと思うか」でした。私は何を聞かれても答えられるように、電話インタビューに備えて質問されそうなこととその答えを書き出して壁に貼って臨みました（図5）。

　電話面接を通過すると2日間のキャンパスビジットに招待されました。1日目は大学図書館ツアーと選考メンバーとの面接ディナーでした。選考メンバーとの食事というのは、どの業界の最終選考でも行われるようで、大学のキャリアセンターでは就職活動中の学生向けに「面接ディナー」のワークショップを催し、力を入れていました。私もそのワークショップに参加しました。ワークショップでは、「ディナーで注文すべきでないメニュー」から、

「話題の選び方」「ドレスコード」「アルコールは飲むべきか」まで、コースディナーを食べながら「面接ディナー」の対策を学びました。

　キャンパスビジットの2日目は、ほぼ1日中面接でした。選考メンバーをはじめ、図書館長、副館長、その後共に働くことになる他の研究分野司書、関係部門スタッフ、そして日本研究の教授などとの面接が続きました。面接の合間には、図書館スタッフを前に20分間のプレゼンテーションを行いました。プレゼンテーションでは事前に指定されていたテーマ（そのときは日本研究専攻者向けの図書館教育に関して、学部生と院生それぞれを対象とした場合の指導の違いについて）について話しました。応募から採用通知をもらうまでの時間は4ヶ月でした。

ワシントン大学図書館（シアトル）の面接プロセス

　現在勤める大学の面接も大体似たようなプロセスでした。しかしおもしろいことに、ワシントン大学（シアトル）も、その時期に同時に空席が出ていて受けた別のポジションも電話面接はありませんでした（同時に空いていたポジションのサーチコミッティ長からは応募しないかとお誘いメールが来た後、ポジションを説明する電話があったので、その電話でテストされていたのかもしれません）。

　同時に受けていたいずれのポジションも応募書類を出してから2ヶ月程度でキャンパスビジットのお誘いがありました。数週間違いで2つの面接に行くのは、いずれの面接時も20分程度のプレゼンテーションが要求されていたことから、やや負担に感じましたが面接に行くことを承諾しました。ワシントン大学（シアトル）の面接は、図書館やキャンパスの案内は省かれ1日で終わりました。もしかすると、私が卒業生な上、応募した東アジア図書館でかつて学生アシスタントをしていたからかも知れません。セントルイスからシアトルに面接に来たのは2月でした。シアトル行きの飛行機はショートパンツにカジュアルなシャツといったいかにもシアトルの乗客が多く、とてもわくわくしたことを覚えています。ハンガーにかけて袋をかぶせたスーツをクローゼットにしまってくれたフライトアテンダントの女性が「面接？

ボーイング？アマゾン？マイクロソフト？」と質問したのをきっかけにあれこれ話したのも思い出深いです。飛行機を降りると海の街シアトルは潮風の香りがしました。

　大学が用意してくれたホテルに泊まった翌朝、現在の上司であるライブラリアンがホテルまで迎えに来てくれました。彼女と握手した瞬間は今でも覚えています。その日は1日中面接でした。選考委員との面接、上司との面接、東アジア図書館のスタッフとの面接、私のプレゼンテーション（多様な利用者にサブジェクト・ライブラリアンとしてどのようにサービスを提供すべきかというお題）には多くのファカルティが聞きに来て下さっていました。それから館長との面接、国際関係学のライブラリアンたちとの面接、図書館人事からの採用プロセスの説明などが待っていました。ランチ面接は私がワシントン大学で大学院生だったときに大変お世話になった韓国研究のライブラリアンがその他2人のライブラリアンたちと同席していたので、とてもリラックスできました。1日の終わりは面接ディナーでした。私の面接ディナーのラッキーメニューはリゾットなのですが（緊張した胃に優しい上、食べやすいのです）、事前にも面接当日の予定表に載っていたレストランのメニューを調査したのですがリゾットはありませんでした。その日のスペシャルにもなく残念でしたが、おおよそ研究の話、なぜ私が韓国研究を専攻したのか、北米の日本研究界の共通の知り合いの話、などが話題になりリラックスしたムードで進みました。

　面接が終わると、委員会のメンバー全員にお礼状（Thank You Note）（図6）を書くのがマナーです。時間をとって面接をして頂いたことや、彼らに会って学んだこと、感銘を受けたこと、それから、一番大切なのは、面接後も一緒に働きたいという気持ちが変わらないと伝えることです。このお礼状は、飛行機で何時間もかかる土地の図書館に応募している場合は面接が終わった日のうちに書いてその地を去る前に投函してしまった方がいいと思っています。というのも、例えばセントルイスからシアトルに面接を受けに行った場合、シアトルからお礼状を出せば2日もあればメンバーたちの手元に届く

図6　お礼状
お礼状ははアメリカの仕事文化でよく
登場するので、いつもオフィスに揃え
ています。

はずですが、セントルイスに戻ってから投函すると1週間はかかってしまうからです。面接のあとすぐに選考が進んでしまうかもしれないので、早くお礼状を出すことが大切だと思います。

採用が決まったあと――条件交渉

　採用が決まるとオファーの連絡が来ます。これはいずれのポジションもます電話で連絡が来ました。こういう条件でオファーを出したいのだけれど、まだ興味はあるかと聞かれ、あると答えるとメールと郵便でオファー条件を記した正式なレターが送られて来ます。そこには、ポジション名（Japanese Studies Librarian）、等級、給与額、福利厚生、開始希望日、有給休暇の日数、プロフェッショナル・デベロップメントへのサポート（学会の旅費ややリサーチのサポートはあるか）、引っ越しに際しての条件（引越代や住居探しで現地を訪問する旅費がいくらサポートされるかなど）が示されており、これをもとに、オファーを受けるか検討します。返事をいつまでに出すべきかオファー主に聞いて数日かけて考えると良いでしょう。

　特に給与額に関しては、周囲の体験談からしても、米国では交渉することが当然のような印象を受けています。そしてこのプロセスは面接よりも精神的に難しい過程のように思います。応募から仕事が決まるまでのプロセスのなかでも個人的にはこの給与交渉が一番苦手な場面です。流れとしては、まずオファーを出した図書館が基本給（年給）を提示します。その地域のライブラリアンの平均年俸を調べ、その額からして妥当なものか確認する必要があります。その年給額をもって、現在の職場に「他の大学からオファーが出た」と伝えます。すると、その職場はカウンターオファーを出しその職員を引き止めにかかることが多いようです。その額を今度はオファーを出した図

書館に伝えます。すると、その図書館も年給額を釣り上げる……これを何度繰り返すかはあなた次第ですが、場合によっては、基本年給はここまでしか上げられないけれど、リサーチ・出張補助金を多めにするとか、移動に際して一時金を出すよ、というオファーもあります。雇用主との間で、これがライブラリアンにとって一番強い立場のときなので、なんでも交渉した方が良いというのが私の周りの先輩方の意見でした。オフィスの選択肢があるならば、どのオフィスが良いか、オフィスの壁の色を指定する人もいるようです。私は、オフィスの椅子にこだわりがあるので、前の職場で使っていたのと同じブランドの椅子を注文してもらいました。余談になりますが、今の職場で特に感じることは、職員の健康に非常に気を使っていて、オフィスの家具も腰痛持ちの同僚は、立ち仕事もできる上下稼働式の机をリクエストしたり、足置きをあてがわれたり、なかなかサポートがしっかりしているという印象です。また、コンピュータープログラムなど必要な製品を要求するのもこのときがベストでしょう。

さて、全ての条件の交渉が済んだら、オファーを受け書類にサインします。外国人の場合はこのあとビザの手続きが必要になります。大学によっては就労ビザのサポートをしないところもありますが、応募者に移民ステイタスの質問をすることは違法なので、ビザのサポートが必要であれば応募者側が自ら応募過程のどこかで確認した方が良いでしょう。

現在働いている職場にはその図書館が規定している期間（1ヶ月前という規定が多い）をおいて退職することになります。その職場で途中になっている仕事を終え、後任者にはマニュアルを作って、移動するのが理想でしょう。

引越しのサポート

この間に引越しの準備が始まります。ナショナル・サーチをした職への引越しのサポートは恐らくほとんどの大学図書館でしているはずです。大学が契約している引越し業者が一手に引き受けてくれます。もちろん費用は（上

限はあるものの）大学が持ちます。私は新しい仕事のために州をまたぐ引越しを2度しましたが、いずれも大学の契約している引っ越し業者が見積もりを取りに来たあと、日取りを決めて、梱包も含め全て業者におまかせでした。引越し先には指定した日に現れて、荷物を搬入し、家具も全て立て直してくれたのでとても楽でした。新しい仕事が始まるに際し、引越しの苦労のうち大きなものの1つが軽減されたのは大変ありがたいことでした。

　新しい土地での新居探しの旅費も全てカバーされました。また大学のホームページにはたいてい新しい職員に対して住まい探しのガイドが出ていますので、そうした情報や新しく同僚になる人々に地元の情報を聞けると大きなサポートになります。

3. おわりに

ライブラリアンになるのに向いている人は？

　ライブラリアンになりたい人は誰でも何かしら自分に合ったライブラリアンの職を見つけることができます。テクノロジーや情報や本が好きというならば、データベースや蔵書管理、またディスカバリーカタログなどを扱う部署のライブラリアンになるのが良いかもしれません。利用者の資料へのアクセスに興味があるのならばアクセス・ライブラリアンやテクニカルサービスのライブラリアンが良いでしょう。

　サブジェクト・ライブラリアンに向いている性質としては、他人の研究テーマに興味を持つことができるかどうかが大きいのではないかと思っています。私の場合は日本関係の質問であれば、歴史、経済、美術、文学をはじめ、どのようなテーマでもやってきます。彼らのどんな質問も興味深く、探すのが不可能に見える回答を探しまわることにかなり没頭してしまいます。わからないと言われると突然エネルギーが湧いてくるのです。これはなぜか自分に備わっていた、しかしレファレンスをするライブラリアンにとっては重要な性質だと考えています。それから、諦めないこと。回答が見つかるまで根

気強くサーチを続ける必要があるケースもよくあります（ただし、「わからない」というのも立派な、ときには重要な回答ですが）。また、社交的であることも大切かもしれません。利用者のところに出掛けて行って彼らの研究について話を聞いたり、図書館講習を開催したり、オリエンテーションで100人近い学生の前で話したり、はたまた学会に行って発表したり、ライブラリアンや出版社や書店の方々とネットワークを作って仕事をしていく必要もあります。あまりシャイな性格だと辛い場面もでてくるかもしれません。

▶注

［1］ "Academic Library Jobs Increase, Specialize." Library Journal 138, no. 6 (2013): 14. Accessed November 29, 2017. http://lj.libraryjournal.com/2013/02/careers/academic-library-jobs-increase-specialize/#_

［2］ Encyclopedia of Library and Information Sciences, 3rd ed., s.v. "academic librarianship."

［3］ American Library Association. Graduate Programs in Library and Information Studies That Are Not Accredited By the American Library Association (ALA) Committee on Accreditation As of 2005. http://www.ala.org/offices/hrdr/educprofdev/nonalaaccredited

［4］ http://www.ala.org/educationcareers/careers/librarycareerssite/whatyouneedlibrarian

［5］ http://lj.libraryjournal.com/2013/03/careers/how-to-become-a-21st-century-librarian/

［6］ http://www.ala.org/accreditedprograms/directory/alphalist

［7］ American Library Association. Guidelines for Choosing a Master's Program in Library and Information Studies. http://www.ala.org/accreditedprograms/guidelines-choosing-masters-program-library-and-information-studies

［8］ http://www.ala.org/educationcareers/scholarships

［9］ American Library Association. Opportunities Exchange. http://connect.ala.org/oppex

［10］ http://coursecatalog.syr.edu/2012/programs/library_and_information_science

［11］ Fisher, Patricia H., Pride, Marseille M., and Miller, Ellen G. *Blueprint for Your Library Marketing Plan : A Guide to Help You Survive and Thrive*. Chicago: American Library Association, 2006.

［12］ Rubin, Rhea Joyce., and Public Library Association. *Demonstrating Results : Using Outcome Measurement in Your Library*. PLA Results Series. Chicago: American Library Association, 2006.

［13］ Simpson, Betsy. "Hiring Non-MLS Librarians: Trends and Training Implications." *Library Leadership & Management (Online)* 28, no. 1 (2013): 1-15.

［14］ Gilman, Todd., and Thea. Lindquist. "Academic/Research Librarians with Subject Doctorates: Experiences and Perceptions, 1965-2006." *Portal: Libraries and the Academy* 10, no. 4 (2010): 399-412.

［15］ http://www.ala.org/rusa/resources/guidelines/professional

［16］ http://www.ala.org/rusa/resources/guidelines/guidelinesbehavioral

［17］ http://www.ala.org/rusa/resources/guidelines/guidelinesbehavioral

［18］ United States Census Bureau. "The White Population: 2010."
Retrieved from http://www.census.gov/prod/cen2010/briefs/c2010br-05.pdf

［19］ Kim, Young M. "High School Completion and College Enrollment Rates for Traditional College-aged Population (Aged 18 to 24), by Gender and Race/Ethnicity: 1989 to 2009." *Minorities in Higher Education, Twenty-Fourth Status Report 2011 Supplement*. http://diversity.ucsc.edu/resources/images/ace_report.pdf
National Center for Educational Statistics. "Fall enrollment of U.S. residents in degree- granting postsecondary institutions, by race/ethnicity: Selected years, 1976 through 2025." Retrieved from https://nces.ed.gov/programs/digest/d15/tables/dt15_306.30.asp?current=yes

［20］ Office of Minority Affairs & Diversity. (2016). Office of minority affairs & diversity 2016-2017 Fact Sheet.
Retrieved from http://www.washington.edu/omad/files/2016/10/2016_omadfactsheet_finalprint_10-18-16.pdf

［21］ http://www.washington.edu/diversity/cdo/

［22］ Okamoto, K. K., & Polger, M. M. (2012). *Off to Market We Go*. Library Leadership & Management, 26(2), 1-20.

［23］ https://chroniclevitae.com/job_search/new

［24］ https://ischool.uw.edu/current/mlis/career-services

［25］ Lindsay Sarin. (2013). Residencies: a New Kind of Library Position.
Retrieved from http://mls.umd.edu/2013/01/residencies-a-new-kind-of-library-position/

［26］ http://acrl.ala.org/residency/

［27］ http://cealjobs.blogspot.com/2012/08/univ-of-washington-japanese-studies.html

.... 3 ....

日々どんな仕事をしているのか

米国での一般的なライブラリアンのイメージ

　地元にあるセフォラ（Sephora）という化粧品専門店の店員の方に、「あなた仕事は？」と聞かれたのでライブラリアンだと答えたら驚かれたことがありました。「ライブラリアンというのは白人のおばさんのイメージだよね、まったく想像つかなかったよ！」というのです。確かに、米国では長いスカートの白人女性が読書室で「シーッ」と言っているのがライブラリアンのイメージです。どんな仕事をしているのかはよくわかってもらえていません。続けてその人は「おすすめの本はある？」と聞いてきました。ライブラリアンといっても、実はいろいろです。米国ではライブラリアンで、ブッククラブをやっているような同僚はいるのですが、いわゆる「ブックワーム（本の虫）」に出会うことはあまりありません。皆、本や、それを書く人、利用する人をリスペクトしていますし、本の管理にも余念がありません。もちろん研究をサポートするために、本を読むことはありますが、自分自身が寝ても覚めても本を読んでいるような同僚ばかりというわけではありません。

　さまざまなステレオタイプがあるライブラリアンですが、私たちは日々どんな仕事をしているのでしょう

図1　ワシントン大学図書館の flickr（写真共有サービス）に掲載された、ライブラリアン
https://www.flickr.com/photos/uwashingtonlibraries/5678583807/in/dateposted/

か。この章で紹介していきます。紹介するのは、コレクションの構築、レファレンス、教員のサポート、インストラクション（図書館ワークショップ）、学内外の委員会の活動、展示、などです。ただあくまでも私の経験の範囲内で語っていくもので、他大学のライブラリアンは異なる経験をしていることもあるはずです。その点をご承知おき下さい。

1. コレクション構築

利用者のニーズを探り、それに応えるコレクションを構築するのは、サブジェクト・ライブラリアンの仕事の大きな任務の1つです。コレクションを「構築」するというのは、新しく資料をコレクションに「足す」ことと「取り除く」ことを意味しますが、ここでは主に「足す」ことを紹介します。

選書—コレクションに資料を足す作業

コレクションに資料を足す作業は、選書からはじまります。日本からの客員教授の方々と話して、日本の学術図書館では選書が教授によって行われる場合が多々あるということを知りました。たまたま「選書係」になってしまっているというその客員教授に、私の仕事内容の1つが、教授の方々の研究内容をインタビューし、その文献を読んだり、学会発表を聞いたりなどをして研究を追い、次にどんな文献が必要になるか調査した上で蔵書構築しているのだと話したところ、大変驚かれ、そのような仕組みが日本にも必要だとおっしゃっていたのを思い出します。確かに、授業と自身の研究で忙しいのに、自分に必要な本だけならまだしも、その学部の他の教授に必要な本を選書し注文しなくてはならないのは大きな負担に違いありません。現在の私のポジションでは1年に1,400冊程度の本やデジタル資料の選書、210タイトル程度の雑誌購読の決定をしています▶1。

コレクションを構築するためのポリシー

　コレクション構築をするには、まず収集ポリシーを決めます。どの分野の資料を、どの形態（本、雑誌、視聴覚資料など）で集めるのかという指針がなくては、良いコレクションが構築できません。このため、一般的にサブジェクト・ライブラリアンはコレクション・デベロップメント・ポリシー（Collection Development Policy：蔵書構築指針）を持っています。大学図書館レベルでコレクション構築に関するポリシーが決まっていますが、各学問領域のポリシーもこれに準じてさらに細かく設定することになっています。学問領域ごとのコレクション・デベロップメント・ポリシーはさらに、その分野のコレクションの必要に応じてサブジェクト・ライブラリアンが書いています。

　コレクション・デベロップメント・ポリシーの記述は、まず、そのコレクションが資料やサービスを提供する相手となる学部、プログラム、利用者の説明から始まります。以下は私の担当する日本研究コレクションのポリシーの冒頭部分です。

　　「このコレクションがサポートする学部は日本研究学科と日本言語文学学科です。これらの学科の研究分野は、文学、言語、歴史、政治学、経済、法律、建築、哲学です。ですからこのコレクションは、それらの分野の資料を集めます。収集する資料の媒体は本、雑誌、電子資料、視聴覚資料、絵本、地図、政府系資料です。網羅する年代は14世紀から現代まで。扱う資料の言語は日本語と英語です。仕入れは日本と米国と欧州から行います。購入しない資料は（研究対象外の）児童書と英語文献の日本語訳版です。」

　また、学内の各分野ライブラリアンや、学外の関係者、コンソーシアムと、コレクション構築に関してどのような協力関係を持つのかについても触れます。

　　「日本史関係資料でも英語のものは、歴史のライブラリアンが選書と購

入をします。電子資料で（可能なものは）GWLA（米国中西部の 31 大学図書館によるコンソーシアム：Greater Western Library Alliance）コンソーシアムのメンバー校と共同購入をします。日本からの図書館相互貸借は GIF（グローバル ILL フレームワーク：Global ILL Framework）や国立国会図書館からのサービスを利用します。」

コレクション・デベロップメント・ポリシーを書く上で大切なのは、担当する学部・学科の教授陣やその下で学ぶ大学院生たちと面談をし、彼らの研究テーマと方向性、またどのような授業が行われているのかを調査して、今後どのような資料が必要になるかを見極めることです。

また今求められているニーズ以外にも、現在集めておかなければ消えていってしまう資料や、その年に起きた社会事情を反映する資料も収集することにしています。さらにその土地ならではの資料も集めます。例えばワシントン大学の場合は日系人が多く住む土地柄です。地元史が担当の太平洋岸北西部（Pacific Northwest）研究のライブラリアンと協力して日系人関係資料の構築にも協力しています。また、神戸市とシアトル市が姉妹都市、兵庫県とワシントン州が姉妹県・州関係にあるため、神戸市や兵庫県関係の資料も収集したいと考えています。

コレクション構築に使う資料

さて、コレクション構築の方向性が定まったら、実際に構築を開始します。北米の日本研究ライブラリアンは伝統的に、出版社や書店からのカタログ、国立国会図書館が作っている全国書誌データ、出版ニュース、書評の類をコレクション構築に役立てているようです。

また私の大学では 2 年に 1 度、図書購入出張（Acquisition Trip）に派遣してくれるので、そのときには日本の書店や古書店、出版社の方々にお目にかかり、担当している研究者の関心分野や、収集の関心のある分野を共有し、お薦めのタイトルを見せて頂いたりします。また書店では担当者の方と一緒に

本棚をチェックします。購入を希望するタイトルを指差しているうちに、だんだん私が購入しそうなタイトルがわかって来たと言って下さることもあります。こうして直接、書店・出版関係の方々とニーズを共有することで、コレクション構築を助けて頂いています。

図書購入出張（Acquisition Trip）とは

　前の職場には無い制度でしたが、現在の職場では国際関係学のライブラリアンたちは2年に1度、担当国や地域に出向き、買い付けやその国のライブラリアンや出版関係者とのネットワーク作りのための出張が許可されています。この買い付け訪問時には、通常の購入予算に追加してあらかじめ買い付け用に予算を申請して現地購入をすることも可能です。

　出張に行くには、まず、いつ、どこに行くのか、その目的と価値、誰に会うのか、またその旅行がいくらかかるのかを、2年毎の予算サイクルが始まる前に申請します。ここで次年度の予算に組み込んでもらえると、より細かい出張の申請を提出することになります。

　私の初めての図書購入出張は2013年秋でした。日本の図書館総合展の開催に合わせて出掛けました。行程は16日間で、図書館総合展への出席の他に、出版社（4件）、書店（3件）、大学図書館（3件）、展示会（7件）を訪問しました。新しい職場に移ってからまだ4ヶ月でしたが、この間に教授陣全員と9月に入学した日本研究の院生全員に会い、彼らの研究や関心があることを事前に調査しました。以前の職場とはまた違った種類のテーマが研究されていたので（例えば仏教、政治、沖縄文学などは私にとって新しく扱う分野となりました）そのテーマを得意とする出版社の方々と知り合う必要が出てきたのです。このため、出張前に取引のある書店の担当者さんにお願いして、各テーマに強い出版社の方々を紹介して頂きました。

　ちなみにこの時の訪問先の1つが笠間書院さんで、そのときにサブジェクト・ライブラリアンとは何かといった話題になり、そこからこの本の構想ができあがったのでした。

図2　古典の先生と古書を選ぶ
東京神田神保町の大屋書房にて。

2度目の図書購入出張は2016年の夏でした。AAS（アジア学会：Association for Asian Studies）は毎年3月に北米の都市で年次会を行いますが、夏にはAAS in Asia（アジアにおけるアジア学会）がアジアの都市で開催されます。2016年は日本（京都）で開催され、それに並行して講演（シンポジウム「ライブラリアンの見た世界の大学と図書館〜図書館利用行動を中心に〜」▶2）や発表（「北米の外邦図、その発見と整理」関西文脈の会 第30回勉強会▶3）の依頼もあったことから、このタイミングで出掛けました。

　この時は古典の教授の出張ともタイミングを合わせていたため一緒に神保町へ出掛け（図2）、その先生の授業や研究に必要な資料を探すことができました。この時、日本の大学の書誌学者の先生も同行して下さり、神保町の書店の方に我々の訪問や探している資料について事前に相談しておいて下さり、スムーズに買い物をすることができました。

　滞在中には神保町で明治古典会の古書オークション「七夕古書大入札会」がありました。こちらでも、普段から古書購入でお世話になっているベンダーさんの助力によって貴重な資料を入札することができました。また研究所、図書館、美術館なども訪れました。それらの機関からは、重複している資料や、それらの機関から出版されている資料を寄贈して頂きました。

国立国会図書館のレファレンス協同データベース

　コレクションを構築する際、国立国会図書館のレファレンス協同データ

ベース（https://crd.ndl.go.jp/reference/）も活用しています。これは国立国会図書館が日本全国の図書館等と協同で構築しているデータベースで、参加している公共図書館、大学図書館、専門図書館等におけるレファレンス事例が集積されています。構築したいコレクションに関連したワードをこのデータベースで検索し、研究分野の線上にある質問項目を確認し、項目作成者が利用したレファレンスツールの所蔵を確認し、所蔵していない場合購入を検討します。米国の図書館相互貸出はとても盛んですが、参考図書類は、館内利用のみ（Library Use Only）とされ貸出が制限されていることがほとんどです。日本語コレクションを持った大学の数も限られていますので、一番近いコレクションを訪ねるにしても州を跨いでしまうこともしばしばです。ですから、ローカルユーザーが必要なレファレンス文献を、大学内に揃えておくことは必須となります。そのために、レファレンス協同データベースで、レファレンスを疑似体験して、必要文献を前もって揃えるようにしています。

Twitter からも情報を入手

　最近はツイッターに出版社や書店のアカウントがあります。日本にいる日本史や日本文学の研究者もフォローして、ローカルユーザーに役立ちそうなタイトルについてのツイートがあると、お気に入り（favorite）マークをつけて、アカウントに溜めておきます。こうして集めたお気に入りマークをアシスタントに送り、必要なものを注文してもらうようにします。

資料の調達―アプルーバル・プラン（Approval Plan）

　さて、欲しい資料が決まると、日本の取次店から資料を購入します。新刊で入手できるもの、古書でしか入手できないものなどさまざまですが、古書市場でも出回っていないものは古書店さんにその資料の出現を見張ってもらうことになります。

　機関やライブラリアンによっては、選書をアプルーバル・プラン（Approval Plan）に任せる場合もあります。アプルーバル・プランとは、資料の購入先

のベンダーに、購入したい資料（主に紙や電子の本）の特徴を登録し、それに見合ったものを自動的に届けてもらえる仕組みです。登録内容はプロファイルと呼ばれ、必要な学問領域の詳細、出版社、価格上限、出版地、電子版が良いのか紙版が良いのかなど細かく設定することができます。さらに、設定された条件のもので、どういった資料は確認を取らずとも送ってもらう、もしくは、条件に見合った資料が出ていることのお知らせメールを受け取る、などの設定ができる仕組みになっています。

　ワシントン大学の日本コレクションの場合、日本語資料は日本のベンダーから取り寄せ、英語で書かれた日本研究資料は米国のベンダーから購入しています。英語の資料については、マニュアルで注文することもありますが、ほとんどがこのアプルーバル・プランで事前登録した条件のもが自動的に入荷される仕組みを取っています。

寄贈によってもたらされる資料

　資料は寄贈によってもたらされることもあります。寄贈主は引退された教授、卒業してゆく学生、地域の人々、日本の大学、研究機関、企業、文化施設などです。また、大学内の別の図書館に持ち込まれた日本語資料が東アジア図書館に回ってくることもあります。

　例えば盆栽関係の日本の資料が植物学図書館に寄贈されたとします。そうすると、その図書館のライブラリアンは日本語の資料だということで、東アジア図書館に転送してくることがあります。ただし、このような寄贈の全てがコレクションに加わるわけではありません。なかには、既に所蔵しているものもあります。また、頂いたもののなかには、研究書ではないなど、先程紹介したコレクション・デベロップメント・ポリシーにそぐわないものもあります。そうしたタイトルは受け付ける時点で辞退するか、重複やポリシーに合わないものは他の図書館に寄贈する旨了承して頂いた上で受け入れることにしています。

寄贈をして頂くと、ギフトレポートと礼状を発行

　寄贈をして頂くと、寄贈記録と礼状を発行します。この作業は購入専門スタッフ（Acquisition Specialist）が進めます。この記録には、寄贈が誰から来たもので、どんなサブジェクトのものが、何冊だったのか、また寄贈者の連絡先なども記録されています。礼状は個人の寄贈者には、不要だという申し出のない限り出します。礼状はその名の通り、図書館からのお礼を伝える役割と、多量の寄贈をして下さった場合、寄贈証明として確定申告等に使われることもあります。

予算のこと（大学からの予算、資金調達、寄付を募る）

　さて、蔵書を構築するには、もちろん予算が必要になります。日本の大学図書館との大きな相違点は、セレクターであるサブジェクト・ライブラリアンが選書と予算使用の権限を持っている点だと思います。

　たいていの大学図書館の予算資源で一番大きなものは大学図書館からの予算でしょう。北米のアジア言語コレクションの予算規模については、CEAL（東亜図書館協会 :Council on East Asian Libraries）の統計が詳しいです。例えばワシントン大学図書館日本コレクションの 2015 〜 2016 年度の資金は、本と雑誌の購入費合計が $94,612.69 となっています。これに加えて、寄付や学部からの援助によるものが $55,215.59 ありました▶4。このうち、$46,575.99 は寄付（Endowment）によるもので、残りの $8,639.60 はグラント（補助金・助成金）や基金に寄付を申請するなどして資金調達した結果でした。寄付（Endowment）は、現在の職場に来てはじめて扱うことになったものですが、これはドナーの方が高額な寄付をして下さることで利子がつき、その利子を利用させて頂く、また長期的に寄付をして下さるという仕組み、という理解で構いません。たいてい寄付をして頂いた方から使用用途が指定されています。

　これまでの職場で私が応募したことのあるグラント（補助金・助成金）は以下のようなものです。

グラント（補助金・助成金）（1）—MVS 助成金プログラム

MVS（Multi Volume Set）助成金プログラムとは、日本語図書資料の購入援助として北米の大学図書館へ支給されるプログラムです。1992 年に日米友好基金により創設され、NCC（北米日本研究図書館資料調整協議会 :North American Coordinating Council on Japanese Library Resources）がプログラムの運営管理を行っています。MVS 選考委員会は、NCC の任命を受けた日本司書 3 名・日本研究教授 2 名に NCC 事務局長が加わり、計 6 名によって構成されます。資料購入に際して、日本出版貿易株式会社が委員会を援助しています。

MVS 助成金プログラムへの申請は、助成金で購入する資料が次の条件を満たすことが必要です。

・米国内に 1 冊以上存在しないまれな資料であること。
・高額な（10 万円以上）資料であること。

Application Form
Please fill out a separate sheet for each title of your request.
(Additional supporting documents are required for each title for a MVS Grant application.)

Applicant Information:
1. Institution Name:
2. Category of your institution:
   (a) Qualified Smaller Institution or (b) Traditional MVS Applicant
3. Address:
4. Name of librarian or faculty member submitting the application:
5. Title:
6. E-mail address:
7. Telephone:

Title of Your Request:
1. Full title (in both Romanization and Japanese script, with parallel titles if any):
2. Edition:
3. Place of publication, publisher, and year of publication:
4. Series title:
5. Number of volumes/reels/videocassettes/CD-ROMs/DVDs:
6. ISBN / ISSN:
7. Current price (in Japanese yen):

図 3　MVS 助成金プログラムの申請書のフォーマット
申請書と言っても、希望タイトルを記入するフォーム以外は申請レターにエッセイとして希望理由を書き綴る方式です。申請要項はこちら http://guides.nccjapan.org/c.php?g=355640&p=2397914

・利用者（日本研究の教授・学生）からの推薦があること。

　また、助成金を受賞した大学図書館は、同年の 6 月末日までに選出された
資料を購入し、目録を作成しなければなりません。また、MVS で購入した
資料は、北米国内で図書館間・相互貸借資料として利用に供することが義務
付けられています。応募できる機関は、年間の日本研究資料購入予算が 1 万
ドル以下の機関（Small Institute）、それ以上の機関（Traditional MVS Applicants）の
2 つのカテゴリーに分かれています。Small Institute は、購入費用の 80％の
補助が、Traditional MVS Applicants は、75％の補助（もし申請資料がすでに北米
にある場合は 50％の補助となる）が受けられるという仕組みです。
　私はこの助成金プログラムには前職場と現職場で申請したことがあり、8
タイトル購入への助成を受けました。

MVS 助成金プログラムの委員を経験する

　私はこのプログラムの選考委員を 2009 年から 2012 年まで 3 年間務めまし
た。その仕事は、毎年秋にこのプログラムの募集要項を出すこと、申請で応
募されたタイトルが全米に 1 タイトル以上ないか確認すること、書類審査、
審査結果の報告、助成されたタイトルの目録がとられたか確認することなど
です。委員会へは 3 年の任期で務めることになるのですが、2 年間は委員と
して参加し、3 年目は委員長として委員会をまとめることが求められます。
　委員会は 1 年に 1 度、本申請の締め切りのあとボストンの NCC 本部に集
まり審査します。審査では全米にほとんど皆無である多巻セットのタイトル
について、申請書を読み、そのセットが米国の図書館に存在しシェアされる
利点について考えることになります。助成タイトルの合計が助成金の予算内
におさまるように注意し、最終決定で申請が決まった機関には案内を出しま
す。
　助成審査の審査側の仕事を経験をさせてもらえたことは、その後さまざま
な助成金申請を行う上でも大変ためになりました。審査員が申請書の何を見

ているのか、審査員に理解してもらいやすい書類の特徴とはどのようなものなのか。またさまざまな申請書を見ることで全米の大学の日本コレクションやそれを管理するライブラリアン、それからそれらの大学の日本研究の特徴を知ることができたのも大変貴重な経験となりました。また委員会で共に働いた委員の仲間たちとのつながりができたことも有益でした。

グラント（補助金・助成金）（2）——アレン助成金（Allen Opportunity Award）

さて助成金の話に戻りましょう。この助成金はワシントン大学図書館が持っている寄付金を傘下にある学部図書館やコレクションに分けるもので、急を要する資料の購入を助成してくれるものです。私はこれまで3度この助成金プログラムに申請しました。

2013〜2014年度には$13,340の助成金で、『武鑑』を7タイトル（計20冊）購入しました。ワシントン大学図書館には70タイトル、100冊以上の『武鑑』の所蔵があり、欠巻を少しずつ揃えるようにしています。また2014〜2015年度には$7,500の助成金で、『群書類従』（電子版）を購入しました。2016〜2017年度には$2,500の助成金と、学部の補助をもらい『光悦謡本　忠度』を購入しました。

その他に、金銭的な寄付ではなく、本を寄贈して頂けるプログラムにもいくつか申請したことがあります。応募したことがあるプログラムは以下の(3)(4)です。

グラント（補助金・助成金）（3）——近代日本を知るための100冊（100 Books for Understanding Contemporary Japan）

海外における日本理解促進を目的に日本財団が政治・国際関係、経済・ビジネス、社会・文化、文学、歴史のさまざまな分野で傑出した日本に関する英文書籍を100点選び、海外の個人や図書館などの団体が、必要なタイトルを選んで寄贈のリクエストを出すというプログラムです▶5。ワシントン大学セントルイスにいたときに、このプログラムを通して34冊の英文図書を

寄贈して頂きました。

グラント（補助金・助成金）(4)—**韓国国際交流財団**（Korea Foundation）

　前職では韓国研究のサポートもしていたため、韓国語資料のグラントにも応募していました。韓国国際交流財団は、海外の韓国研究への支援に力を入れており、図書館に対してさまざまな支援をしています。例えば、私が応募したことのあるものでは、本の寄贈と、データベースを購入するための資金援助です。

　ワシントン大学セントルイスにいる4年ほどの間に、韓国国際交流財団のReference Materials Distribution Program（現 Distribution of Resources for Korean Studies）▶6 というプログラムを通して、169冊の寄贈を頂きました。これは財団が用意した韓国研究に有用な資料（本、参考図書、ニュースレター、年間、映像資料）のリストから必要なタイトルを選び、応募するというものです。現在はリスト外から希望のタイトルをリクエストすることも可能なようです。

　またデータベース購読の資金援助は、北米の韓国コレクションのコンソーシアムが、財団とデータベースを管理販売しているベンダーと協力してできたもので、各機関の韓国コレクションの大きさによってデータベース購読費用の最大50％までの援助を受けることができます。このおかげで、2010年には $3,800 の、2011年には $4,315 の支援を受け、高額ながら必要不可欠なデータベースの購読をもたらすことができました。

グラント（補助金・助成金）獲得のスキルをどう学ぶのか

　こうしたグラント獲得のスキルはライブラリー・スクールでは習わなかったことで、前任者の残した過去の申請書や、オンラインでの情報を参考にしていました。ですが第4章で紹介するミネソタ・インスティチュートではグラント申請に関するトレーニングがありました。

　ここでは1週間のワークショップのうち1日がグラントライティングのトレーニングに充てられていました。ミネソタ大学図書館におけるプロジェク

トやグラント申請をリードする、図書館補助金コーディネーターとプロジェクトディレクターの2人のライブラリアンが講師となって、意味のあるプロジェクトの立案や、説得力のある予算申請の方法についてみっちり学ぶことができました。

予算管理と為替

予算は、為替の動きも見ながら管理をしなくてはなりません。

ワシントン大学の予算年度は7月1日から6月末までです。例えば、2014年7月から2015年の4月現在の為替の動きを見た場合、2014年7月時点では、1ドル101.64円だったのが、予算年度の終わりには1ドルが119.83円になっていました。およそ18円の変動です（表1）。

これは仮に、11万ドルの予算があった場合、年度はじめには1,200万円だった予算が、1,400万円程度にふくれあがった計算になります。200万円も増えると単純計算で5,000円の本が400冊も追加で買えます（送料・手数料除く）。この年度末の注文は、そのせいもあってとても忙しくなりました。その年は良いように為替が動きましたが、逆の場合ももちろんあります。為替とにらめっこしながら購入計画をやりくりするのは、エキサイティングでもあるのです。

	米国ドル	日本円	予算 ($117,768.65)
2014年7月	$1	101.64円	11,970,005円
2015年4月	$1	119.83円	14,112,217円
		18.19円の差	2,142,212円の差

表1　2014年7月から2015年の4月現在の為替の動きと予算

2. レファレンス

私の職務記述書（job desription）では、仕事の30％がレファレンス対応になっています。日々学生、教授、コミュニティの利用者、はたまた他の大学のライブラリアンからのレファレンスに応えています。

　対応する質問は、学内で日本研究を専攻している大学生や大学院生、それから専攻ではないけれど選択学問領域として日本関係学問領域の授業を履修している学生からのものが多いです。そのため、日本研究専攻の学生たちの研究テーマについて精通しておくことや、教授陣とコミュニケーションをとって現在提供されている日本関係の授業の内容と課題を理解しておくことが大切になります。

　レファレンスは、私の場合、自分のオフィスかメールで行うことが多いですが、電話で受けることもあります。利用者は私が週に1度担当しているレファレンスデスクの時間に質問に来ることもあります。オフィスに来る学生の大半は事前にメールで予約をしてくれていましたが、人数が増えるとスケジュール調整をするだけでも大変になってしまい、結局アポイントメント管理のアプリを使うことにしました。

学生からの質問

　学生は、たいてい調査を開始しはじめたところで相談にくることが多いです。こういうレポートの課題があるのだけれどどうしよう、こういうことをテーマにレポートを書きたいのだけれどどこからはじめたら良いか、どんなデータベースがあるか、そのような質問が多いです。

　このような場合、下調べに使える参考図書や、新聞記事、論文の探し方から入ることになります。またその話題の基本知識が書かれた本を探し、件名を使えば似たような内容の他の本が簡単に探せることも伝えます。そうした情報を持って帰った学生はしばらく色々と調べたり、読んだりし、また学期の途中になると戻ってきます。その時はもっと質問が複雑になっていて、統計を探したり、ピンポイントの情報探しを手伝うことになります。そしてついに論文が完成すると参考文献の書き方を手伝うことになります。

　学期末には期末発表にも呼ばれどのような結論になったか聞く機会もあります。論文を送ってくれる学生もいます。

教授からの質問

　大学生や大学院生の次に多いのが教授からの質問です。教授陣は、学会発表準備や出版物執筆の過程で証明したい事項についてサポートになるような資料を探していることが多いです。

　○○と言っている文献はあるか、××という言葉がはじめてメディアに出てきたのはいつか、一見簡単に解けそうなレファレンスですが、そこは教授陣ですから、すでに方々調べ尽くした挙句私のところにやって来ます。なので難問が多いです。

　教授からの質問では、他にもテクノロジーのことを聞かれることもあれば、翻訳の表現について質問されることもあります。また授業で読む文献を選ぶ際に意見を聞かれたりなどします。

コミュニティの利用者からの質問

　次に多いのがコミュニティ（一般市民）の利用者からの質問です。ワシントン大学は州立大学ですので、図書館は一般市民へも公開されています。貸出にはメンバーシップ・カード（1年に100ドル）が必要になりますが、誰でも入館・閲覧をすることができます。またライブラリアンたちに質問をすることも可能です。ワシントン大学セントルイスにいたときには滅多にありませんでしたが、シアトルは日系や日本人の方の多い土地柄とあって、コミュニティの利用者からの日本関係の質問が多くなりました。内容は例えば、自身でお持ちの日本関係の美術品に関する質問です。巻物や版画などを持って来られて、作者や書いてある内容をお聞きになります。価値について聞かれることもあるのですが、図書館は骨董品屋さんではないので、こうした質問には答えることができません。また多いのは、日本の先祖に関することです。この質問が多いことに気づいて家系や名前の辞典をいくつか揃えました（図4）。先祖の調査も図書館の専門ではないので、できることは限られています。日系の方は日本語ができない場合もあり、翻訳を頼まれることもあるのですが、これもお断りしています。その他には、日本独特の色の表現から、そ

116

図4　いくつか揃えた人名辞典
『日本家系・系図大事典』（東京堂出版）、『全国名字辞典』（東京堂出版）、『日本姓氏大辞典』（角川書店）、『都道府県別姓氏家紋大事典』（柏書房）

れがアメリカでいうところの何色に相当するのかという質問や、昔日本に住んでいたことがあるのだが、その時に見た、あれは何だったのだろうと、数十年前の新聞をひっくり返して当時の事情をお調べすることもあります。また日本でこういう仏像を見たのだが、何という名前の仏像か、といった質問もあります。

ライブラリアンからの質問

　最後に多い質問の主はライブラリアンです。学内のライブラリアンが日本語の資料が必要で問い合わせてくることがあったり、他大学の日本研究ライブラリアンからワシントン大学で持っている資料を確認して欲しいという問い合わせが来ることもあります。他に日本研究科のない大学の図書館のライブラリアンが、利用者がたまたま日本をテーマにレポートを書くことになって、質問に来たんだけど、どうしよう、と問い合わせが来ることもあります。面白いのは、こうした質問のほとんどは遠く東海岸などの大学からわざわざワシントン大学に来ることです。

　あるとき、どうして我々のところに問い合わせてくれたのですかと、フロリダから質問してきたライブラリアンに尋ねたことがありました。質問は沖縄に関することだったのですが、そのライブラリアンはワシントン大学の教授に沖縄文学の研究者がいることを知っていたのでした。だから大学図書館には沖縄関係のコレクションも揃っていて答えもあるだろうと思ったそうです。

オンラインレファレンスサービス

　また共同バーチャルレファレンスも担当します。バーチャルレファレンスとは、従来対面式で行っていたレファレンスサービスを、メールやチャットを通してオンラインで提供するサービスです。米国におけるオンラインレファレンスサービスにはOCLCのQuestionPoint, 24/7 Reference（http://www.questionpoint.org）▶7があります（図5）。ワシントン大学はQuestionPointのメンバーで、世界中のメンバー図書館と協力して、利用者へ1年中24時間体制でレファレンスに対応しています。私を含めワシントン大学のサブジェクト・ライブラリアンはOCLCのQuestionPointの質問対応も担当しているのです。

　ワシントン大学のQuestionPoint担当者は平日の就業時間中、自館、他館、州や国を問わずチャットやメールで入ってくる質問に対して回答しています。ワシントン大学の担当時間が終わると、当地の学生の質問は、昼間の時間帯の土地にある図書館の同僚たちが回答してくれることになります。

　例えば、私がニューヨーク公共図書館の蔵書について質問があったときに、QuestionPointを通してチャットで問い合わせをしました。シアトルは夕方だったのでニューヨークの職員はもういなかったのでしょう。すると、チャットボックスに現れた担当者は、「ハーイ、テキサスのジェンです」と言いました。恐らく、初代大統領の生年月日や、トルーマン大統領の自伝を書いたのは誰か、と言った質問であれば、テキサスのジェンでも、ケンタッキーのマイクでも答えられるのですが、特定の図書館の蔵書についての質問（実はニューヨーク公共図書館に所蔵の「日本語読本」の奥付の日付を見て欲しかったのですが…）については翌日ニューヨーク公立図書館に直接電話で尋ねることになりました。

　参加館は世界中にありますから、所属大学の利用者からの質問ばかりに答えるわけではありません。例えばシアトルが夜中で、ワシントン大学のライブラリアンがオフィスに居ない時間帯で、ワシントン大学の学生がライブラリアンに質問したいときには、タイムゾーンが昼間の地区の参加館のライブラリアンが対応してくれます。私たちも他の機関のユーザーの質問にも答え

図5　QuestionPoint のトップページ

ることになります。

QuestionPoint のサービスにはチャットレファレンスとメールのレファレンスがあります。私と東アジア図書館の同僚のライブラリアンたちはチャットサービスへの参加のトレーニングを受け、参加のタイミングを待っているところですが、チャットサービスは本館と学部図書館のライブラリアンが中心に行っています。チャットサービスで受けた質問がアジア学関係だった場合、質問を受けたライブラリアンが東アジア図書館に質問を転送し、それを東アジア図書館のライブラリアンが利用者にメールで答えるという体制をとっていますが、現時点で東アジア図書館のライブラリアンはこのメール対応の部分を担当しています。

東アジア図書館に転送される質問

東アジア図書館に転送される質問は中国、韓国、日本関係資料や東アジア図書館のサービスについてです。東アジアの QuestionPoint のアカウントは東アジア図書館内のサブジェクト・ライブラリアンたちと貸し出し担当で管理されています。

質問の多くは探しているアジア言語資料のことや、東アジア図書館でのサービス（開館時間や貴重書の使い方など）についてが多いです。チャット担当が答えられない質問について東アジア図書館に質問が転送されると、東アジア図書館内の管理者全員（日中韓のサブジェクト・ライブラリアン及び貸出担当者）

に通知が来ます。そのなかから自分の分野（私の場合は日本研究）のものを拾って回答しています。

　転送されてくる質問は何も大学内の利用者からだけとは限りません。これまでで一番遠くから来た質問は英国からでした。この質問は日本国外ではワシントン大学にしかない日本語の資料についてでした。その資料の情報が掲載されている資料と、英国の個人がワシントン大学からこの資料を借りる方法についてでした。資料の内容の確認や貸し出しの可否については答えることができましたが、英国の図書館の仕組みについては全く知りませんでした。幸い、質問者は現地の大学図書館で調査をしていたようで、そこから先は現地の大学のライブラリアンにお任せすることにしました。

　QuestionPoint 経由では、日本の出版社からの宣伝や、図書館員や大学院生からの図書館見学リクエストのようなレファレンス以外のものも紛れ込んでしまっていることがあります。

学際化・国際化のなかのレファレンス

　最近、学術界でよく話題になるのが「学際化（interdisciplinary）」や「国際化（globalization）」です。利用者からのレファレンスの質問も、日本史、日本文学、日本経済といった日本研究の枠を超えて、韓日文学（日本文学と韓国文学）であったり、日本の教育政策（日本研究と法学）であったり、国や教科をまたぐことが増えてきています。

　例えば、日本研究専攻の大学院生で、日本の教育政策について研究している学生がいるとします。教育の歴史的背景や、教育機関の数など、日本研究の範囲に収まるものは、日本研究ライブラリアンが資料探しの手伝いをすることになります。しかし、これが、教育政策など法関係に及んでくると、法学図書館のライブラリアンにバトンタッチすることになります。

　別の例では、建築学の大学院生で、日本庭園の研究をしている学生がいました。その学生の所属学部の専門図書館は建築図書館です。建築論やデザインについての質問は、普段建築学ライブラリアンが担当しています。ただそ

の学生の研究テーマになっている建築物について、日本文学に文献がある場合などは日本研究ライブラリアンが担当することになります。

　他にも第二次大戦後のドイツと日本（ドイツ史と日本史）、日本美術（美術と日本研究）など、学際的な分野のリサーチや授業に関してはサブジェクト・ライブラリアンたちが協力し合います。

日々質問にどう備えるのか

　こうしたレファレンスですが、もちろん日々質問に備えている必要があります。ライブラリー・スクールでのレファレンスの授業では、レファレンス回答方法について学ぶ際、使われるのは一般的な質問に限られ、授業の中心はレファレンスサービス自体を調査研究することが中心になります。オンラインレファレンスを行うときの利用者の気持ちや、利用者の質問をどのように聞き出すかといったことです。

　このためたいていのサブジェクト・ライブラリアンは、専門サブジェクトのレファレンスについては、仕事についた後に、他大学の同じポジションの先輩に聞いたり、関係図書をひもとくなどしながら、自ら方法を開発していくことになります。

レファレンス協同データベースやリサーチ・ナビ

　レファレンスの勉強に役立てているのが、先程も紹介した国立国会図書館の提供する、レファレンス協同データベース（レファ協）やリサーチ・ナビ（http://rnavi.ndl.go.jp/rnavi/）です。私はライブラリアンになってまだ8年ですが、レファ協は、新米ライブラリアンの私に、レファレンスにいかにして答えるのかを教えてくれました。

　リサーチ・ナビは、特定のテーマを調べる上で有用な資料を集めた国立国会図書館のサイトです。学生や教授の研究内容が分かるとこのサイトの関連テーマ部分を読んで、そうした研究に必要な資料の購入をすすめると共に、研究に役立ちそうなどんな資料があるかをあらかじめ調査しておくことがで

きます。

ライブラリアンのメーリングリスト、Eastlib、Japan Liaison

　この他に、他大学にいる日本研究司書の先輩方からレファレンスの回答の仕方を学ぶことができます。北米のアジア図書館の職員が主になって作られているメーリングリストに Eastlib（http://www.eastasianlib.org/Eastlibinstructions.htm）▶8 というものがあります（図6）。ここでは、アジア図書館に共通する話題や質問が交換されています。レファレンスで答え方がわからないときには、このメーリングリストに質問を投げることもできます。すると、各地の経験ある日本研究ライブラリアンたちから、アドバイスを受けることができるのです。また Japan Liaison mailing list ▶9 では日本研究のライブラリアンが中心のメーリングリストで、さらに日本に特化したレファレンスの交換が行われています。しかしライブラリアンの義務として利用者のプライバシーを守る必要があるので、誰がどのような研究をしているのかわからないようにでメーリングリストに質問するように留意しなくてはなりません。

図6　メーリングリスト Eastlib の購読申込ページ

　この他、私の場合は、週に1度貸し出しカウンターのレファレンスデスクに立って、アジア関係全ての質問に答えることになっています。たいていの場合は、特定の本がどの書架にあるかや、基本的な検索の仕方についてなので

困ることはありませんが、やはり専門的なことになると、各サブジェクト・ライブラリアンのオフィスへ案内して引き継ぐことになります。このデスクは毎日1時から2時の時間は日本語のできるスタッフ（カタロガーから購入担当者まで）が立つことになっていて、他の指定された時間は他の言語のできる図書館スタッフが担当します。これはアジア言語で質問がしたい学生へのサービスとしてスタートしました。

3. 教授のサポート

リサーチサポート・ティーチングサポート

　教授のサポートは私たちの仕事の最優先事項です。私が新しい職場に移ってはじめにしたことは、教授陣との面談でした。彼らの研究や授業を知らずして、コレクション構築もできませんし、そのための予算管理の目途も立ちません。彼らの学生の特質もわかっていなければレファレンスの準備もできません。

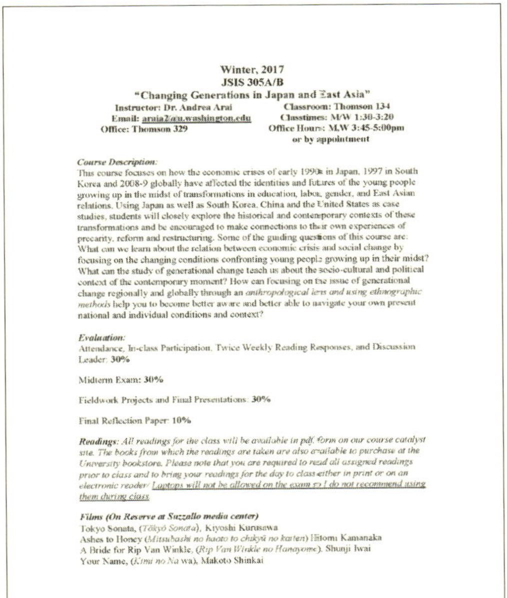

　リサーチのサポートをするには、まず、教授陣のこれまでに書いた論文や本を読み、彼らの研究を研究する必要があります。研究テーマが少しわかってくると、そのテーマの研究がどこへ向かうのか想像し、今後必要になるであろう資料の収集に取り掛かります。

　ティーチングサポートに

Winter, 2017
JSIS 305A/B
"Changing Generations in Japan and East Asia"
Instructor: Dr. Andrea Arai　　Classroom: Thomson 134
Email: araia2@u.washington.edu　Classtimes: M/W 1:30-3:20
Office: Thomson 329　　Office Hours: M.W 3:45-5:00pm
or by appointment

Course Description:
This course focuses on how the economic crises of early 1990s in Japan, 1997 in South Korea and 2008-9 globally have affected the identities and futures of the young people growing up in the midst of transformations in education, labor, gender, and East Asian relations. Using Japan as well as South Korea, China and the United States as case studies, students will closely explore the historical and contemporary contexts of these transformations and be encouraged to make connections to their own experiences of precarity, reform and restructuring. Some of the guiding questions of this course are: What can we learn about the relation between economic crisis and social change by focusing on the changing conditions confronting young people growing up in their midst? What can the study of generational change teach us about the socio-cultural and political context of the contemporary moment? How can focusing on the issue of generational change regionally and globally through an *anthropological lens* and using *ethnographic methods* help you to become better aware and better able to navigate your own present national and individual conditions and context?

Evaluation:
Attendance, In-class Participation, Twice Weekly Reading Responses, and Discussion Leader: 30%

Midterm Exam: 30%

Fieldwork Projects and Final Presentations: 30%

Final Reflection Paper: 10%

Readings: All readings for the class will be available in pdf form on our course catalyst site. The books from which the readings are taken are also available to purchase at the University bookstore. Please note that you are required to read all assigned readings prior to class and to bring your readings for the day to class either in print or on an electronic reader. Laptops will not be allowed on the exam try I do not recommend using them during class.

Film (On Reserve at Suzzallo media center):
Tokyo Sonata, (Tōkyō Sonata), Kiyoshi Kurosawa
Ashes to Honey (Mitsubachi no haoto to chikyū no kaiten) Hitomi Kamanaka
A Bride for Rip Van Winkle, (Rip Van Winkle no Hanayome), Shunji Iwai
Your Name, (Kimi no Na wa), Makoto Shinkai

図7　ワシントン大学のシラバス例

も似たことが言えます。教師陣からその学期に教えるクラスのシラバスをもらい（図7）授業内容を把握し、その授業の課題を確認します。そして学生が必要としそうな資料を揃え、必要であれば急いで日本から取り寄せます。この時私が利用するのは先程も紹介した、国立国会図書館のリサーチ・ナビです。そこで、課題のテーマになりそうなワードでサーチをして、日本の図書館で受けたレファレンス事例に目を通します。こうすることで、学生がレファレンスの質問に来たときの心構えができます。

教授陣には調査結果を。大学生や大学院生には調査方法を。

　レファレンスの仕方で私が気をつけているのは、教授陣と大学生・大学院生への答え方の違いです。教授陣は大学院で何年間も研究をする間に、アドバイザーやライブラリアンから、図書館の使い方、資料の探し方、文献の参照の仕方まで、トレーニングを受けます。つまり図書館利用法についてお伝えする必要はありません。それゆえ、レファレンスの質問が来た際には、ずばりその答えと、出典をお伝えすれば十分です。

　一方、大学生や大学院生は、まだ図書館の使い方や、資料の善し悪しの判断の仕方、web サイトの見方など、トレーニングの過程にあると言えます。このためレファレンスの質問があると、探し物が見つかる「方法」を伝えます。時には一緒に作業しながら、その方法で試してもらいます。このことで、次回から同じような探し物があった際に、この学生は自分でリサーチをはじめることができるようになります。この過程では、日本研究のリサーチに有用なデータベース、件名、参考図書、ILL など、大学生・大学院生として最低限知っておくべき図書館の使い方を知らせることを念頭に置くようにしています。

ティーチングサポートと図書館

　また、ティーチングサポートも行います。ワシントン大学には Center for Teaching and Learning と言って、ティーチング・アシスタントやファカルティ、ライブラリアンのティーチングをサポートをするセンター（http://www.

washington.edu/teaching/）があります。このセンターではワークショップやプログラムを通して、数百人規模の大きな授業の指導方法、ディスカッションを含む講義の進行の仕方、など、ティーチングに関するさまざまな提案をしています。一方、図書館では、履修生に資料を円滑に届けたり、レファレンスに答えたりすることで、ティーチングをサポートをしていると言えます。例えば、新学期の数週間前には、学期中に学生が利用することになる指定の論文や映像資料（リザーブ）を、必要であれば購入し、それらをオンラインリザーブシステムに載せます。

　オンラインリザーブについて補足しておくと、米国内の資料は、教育の場での使用を目的としていれば著作権は免除され、簡単にリザーブに載せることができますが、日本の資料はなかなかそうも行きません。日本から買った映像資料で、宿題として見せたいのでリザーブに載せるよう教授よりリクエストがあり、日本側に問い合わせたことがありました。しかし、配給会社に許諾の問い合わせをすると出演者全員に許諾を得なくてはならないとか、図書館で想定した額以上の使用料を要求されるなどして、リザーブに載せることができませんでした。日本の資料は教育目的だからと言って著作権保護が緩和されることもありません。ですから、日本資料を使う授業を教える教授陣にとっては、学生の資料の入手が少しアナログになってしまうので、残念です。オンライン・リザーブを担当する部署も各資料の担当サブジェクト・ライブラリアンに映像資料の複製の許可を依頼してくるので、フェアユースといって勝手に利用してしまうわけにも行きません。

4. アウトリーチサービス

　図書館の資料やサービスを図書館の外にいる利用者と結ぶための「アウトリーチ」サービスの提供が図書館のなかでも注目されています。デジタル大字泉の「アウトリーチ」の項目には、

劇場や美術館などが館外で行う芸術活動。自ら劇場などに出向かない人々に対し、芸術に関心をもたせることを目的として、出張コンサートやイベントなどを行うこと。

と説明されています。これを図書館に当てはめると、自ら図書館に出向かない人々に対し、図書資料に関心を持ってもらうことを目的として、積極的に図書館イベントなどを行うこと、となるでしょうか。

　　『Encyclopedia of Library and Information Sciences（図書館情報学の百科事典）』 ▶
10 のアカデミック・ライブラリーの項目にもアウトリーチについて、

　　電子化が進むなかでも、アウトリーチは欠かせない。例えば、多くの学術図書館では新しい図書やサービスについて書かれたニュースレターが用意されている。また、著名な著者や研究者によるトークや展示会開催に合わせたレクチャーを行いアカデミックコミュニティの関心をひくようにしている。新入生や新しい教員へのオリエンテーション、図書館でのリサーチに関するワークショップ、なども含まれる。

と説明されています。アウトリーチとは図書館が利用者の目につくところに出向いて行くという活動といえるでしょう。
　　以下、私が取り組んでいるアウトリーチの活動をいくつか紹介します。

日本研究者会議（Japanologists Colluquium）
　　月に１度、日本語にするとかたくるしいのですが、日本研究者会議（Japanologists Colluquium）と称して、日本研究資料を使う利用者を集めたカジュアルな会を開いています。この会では日本の飲み物とお菓子を用意し、毎回数人の学生に、学期のレポートや、学位・修士・博士論文などで取り組んでいるテーマについて発表してもらい、そのリサーチの過程で図書館をどのように使ったか、使っ

ているのか話してもらっています。参加者の共通項は日本で、日本研究科の在籍者から日本人のパートナーを持つ学生までさまざまです。参加者の背景は多様で、政治学、文学、建築、教育学、など多種多様なテーマのリサーチについて取り上げられ、同時に聴衆からはそれぞれのバックグラウンドならではの質問や提案が飛び出し、普段自分の学部の仲間やアドバイザーと交流しているだけでは得られない意見交換の場になっていることが嬉しいです。学生とはこうした集まりの他にも、一緒にグループでランチやハッピーアワーに出掛けたりして、彼らの研究やニーズを聞く機会を持つようにしています。

LibGuide（資料を集めたポータル）

LibGuide（リブ・ガイドやライブ・ガイドと言う）は、図書館にスケジューリングやチャットのプラットフォームなどの製品を提供している Springshare 社の製品の1つで、図書館の資料やサービスの情報を掲載できるオンラインポータルです。60カ国、4,600 の図書館で活用されているそうです（http://www.springshare.com/libguides/）。米国の多くの大学図書館のライブラリアンも、担当教科の資料群や資料の探し方、使い方などをまとめて発信するのに使っています。私の場合は日本研究全般向け資料案内、日本語学習者のためのページ、日本関係のコース（文学、歴史、言語など）のためのガイド、それから日本関係展示会やコレクションガイドのページを作っています（図8）。

図8　私が運営しているワシントン大学図書館のオンラインポータル「Japan Studies」
Springshare 社の製品を使用。
http://guides.lib.uw.edu/c.php?g=341437&p=2298814

図9　オンラインポータルでの購入雑誌の最新号の目次紹介
国会図書館の雑誌記事索引の RSS 配信サービスを使い紹介。

またここには国会図書館の雑誌記事索引の RSS 配信サービス▶11 をリンクさせて、図書館で購読している雑誌の最新号の目次一覧も載せています（図9）。

新入生のオリエンテーション

　米国で新学期のはじまる秋は、新任の教授や研究者、修士や博士課程への新入生を迎えるべく、サブジェクト・ライブラリアンも大忙しです。私の場合は秋に、日本から留学してくる新入生向けのオリエンテーションを行うほか、私の「主要顧客」である2つの学科、1つは日本研究学科の入っているジャクソン国際研究学部（Jackson School of International Studies）、もう1つは日本言語・文学学科の入っているアジア言語文学学部でも行います。そして日本研究修士・博士課程の新入生が必修で受講する授業でのオリエンテーションと、合わせて全部で4件の新入生オリエンテーションを行います。

　日本から留学してくる新入生向けのオリエンテーションは 2013 年に始まり、FIUTS（Foundation for International Understanding Through Students）という異文化理解促進を目的とするグループが、全世界からやってくる新留学生向けに開くオリエンテーションの一環として行われます。このオリエンテーションの枠の利用を希望する学内の組織やグループは申請が必要ですが、留学生が米国の図書館文化に慣れることの重要性を訴えた私たちの申請が見事に認められて、1時間の枠をもらうことができました。この時間枠で中国語、日本語、

図10　新入生オリエンテーションの様子

韓国語のセッションをそれぞれ同時進行で行います（日本語のセッションは1時間あります）。

　日本語のセッションへの2013年の参加者は70名以上でした。日本の大学図書館との違いとして、貸出冊数の上限が無いこと、キャンパス内に学部ごとの図書館が全部で10館以上あること、24時間開館している図書館があること、大学図書館にない本は近隣や全米の図書館に限らず日本からも取り寄せが可能であること、それは無料サービスであること、そしてこの本のテーマでもあるサブジェクト・ライブラリアンがどの学部にも存在していて、どの学部に留学してきた学生もサポートが得られることなどを強調しました。日本の図書館を使ってきた日本からの留学生に、米国の図書館の特徴を紹介し、彼らの勉強や研究を我々がどうサポートできるかを紹介するのが第一の目的です。

　このオリエンテーションの効果か、日本からの交換留学生を含め、日本から新しく大学にやってきた学生たちの多くが私のオフィスを訪ねてくれてくれるようになり、そこでは資料の借り方など初歩的な質問から、仮説の立て方、資料の収集方法や、データベースの使い方までさまざまな質問を受けました。私が留学生だったときも日本語で研究の手伝いをして下さるライブラリアンに助けられ、何とか卒業できた経験を持つので、このような形で恩返しができていることが嬉しいです。

　ちなみに図書館での留学生支援について書かれたおすすめの文献は International students and academic libraries : initiatives for success ▶12 で、これ

は同僚たちとも留学生への図書館サービスを考える際に一緒に読んでいます。

大学院生向けオリエンテーション

　日本研究学科の入っているジャクソン国際研究学部と、日本言語・文学学科の入っているアジア言語文学学部の全体の新大学院生向けオリエンテーションにおける図書館のセッションは、歴史が長く、私がワシントン大学のジャクソン国際研究学部に入学した2003年にはすでに行われていました。

　このオリエンテーションでは、日本研究、中国研究、韓国研究、スラブ研究、南米研究、東南アジア研究、など国際関係学を担当するライブラリアンたち（アジア言語・文学の回ではアジア言語文学の各言語のライブラリアン）が集まり、まず全体向けに図書館の概要を説明します。その後、研究言語や地域のグループに別れて、担当のライブラリアンが図書館のツアーとそれぞれの分野に特化した資料の紹介をします。私の担当する日本研究（国際研究学部）や日本言語文学（アジア言語文学）のオリエンテーションで一番重要だと伝えるのは、まずは私のオフィスの場所です。彼らの研究生活は、今後修士課程であれば2年間、博士課程であれば5〜7年に及びます。困ったことがあったときに一番に思い出して欲しいのは、図書館にサポーターがいるということなのです。

　オリエンテーションでは、参加者たちに簡単に自己紹介してもらい、研究分野を教えてもらいます。それは、三島由紀夫の

図11　リサーチコモンズの様子
ワシントン大学リサーチコモンズのインスタグラムアカウント（@uwresearchcommons）より
https://www.instagram.com/p/10sGEJi12-/?taken-by=uwresearchcommons

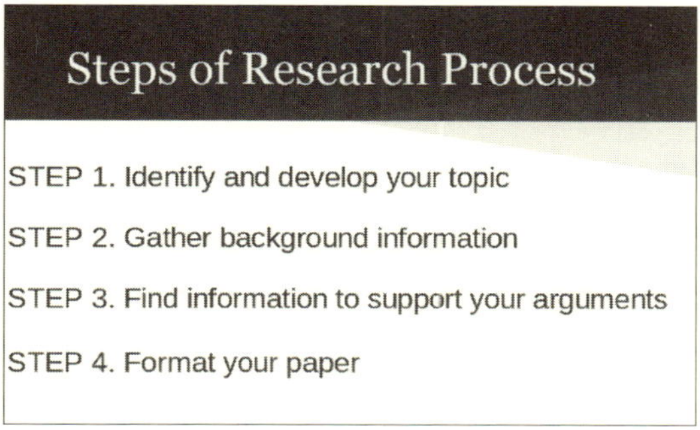

Steps of Research Process

STEP 1. Identify and develop your topic

STEP 2. Gather background information

STEP 3. Find information to support your arguments

STEP 4. Format your paper

図12　リサーチの4ステップ

「笑い」だったり、ネット選挙だったり、日本における差別だったりします。そうして研究分野について聞き、研究に特化して紹介すべき書庫の場所、資料を紹介をします。その後必ず訪れるのは、リサーチコモンズです。文系の大学院生たちがグループスタディをすることは少ないのですが、ティーチング・アシスタントなどをしていれば、自分の学生にリサーチコモンズを使うように指導できなくてはならないので、ここで紹介をしておくことは大切です。

　日本研究修士・博士課程の新入生が必修で受講する授業（Introduction to Japan Studies）でのオリエンテーションは、参加者は前述の、国際研究学部のオリエンテーションの日本研究の新入生参加者ですが、内容は日々の授業で活用できそうな資料やサービスの説明となります。この必修授業は、毎年、日本研究学科の教員たちが交代で担当します。その教授が日本研究を始める大学院生に必要と思われるスキルを1学期間で教えるものです。そのカリキュラムは教授により異なり、やはり、その教授の研究分野を軸とした内容となります。長い論文を書くことになるのか、たくさん文献を読み込み文献レビューを書くことになるのか、研究発表に重きが置かれるのか、全て、大学院生に必要不可欠なスキルですが、ここはその年にこの授業を担当する教授の意向に沿って、図書館オリエンテーションを計画します。

5. インストラクション（図書館ワークショップ）

　こうして、担当学部で行われる授業には、オリエンテーション以外の機会にも1年を通して訪問し、図書館のサービスや資料の紹介をしています。こ

うした授業への訪問はインストラクション・セッション（Instruction Session）、ライブラリー・インストラクション（Library Instruction）、ライブラリー・ワークショップ（Library Workshop）などと呼ばれ、学部の授業、大学院の授業、それぞれ需要があれば出掛けます。大学生にはリサーチのステップ（図12）を、大学院生には専門的な資料の使い方から日本に研究留学した際に役立ちそうな日本の図書館の使い方なども教えることになります。

教授陣に「営業」をかける

　授業への訪問という「出張」の実現は「営業」から始まります。学期のはじまる1ヶ月ほど前には、教授陣の方から「出張」授業をして欲しいと連絡が来ることもありますが、逆にライブラリアンの方から「先生は来学期、○○○という授業を教えるようですが、私は○○○を先生の学生に教えることができます。授業に伺いましょうか？」と連絡をすることも多いです。特に私の勤める大学は4学期制で1学期が10週間と短いため、教授たちも限られた時間内で教えることが盛りだくさんなのですが、それでも図書館のセッションに時間を割いてくれる先生は多く、しかも1日の授業時間を丸々（1〜2時間も）下さる場合もあり、大変ありがたいです。もちろん先生や学生のニーズやレベル次第によっては、10分から15分で、図書館の使い方の要点をまとめたセッションをすることもあります。

　例えば、前述した日本研究科の必須講座、；Intro to Japan Studies でのライブラリー・インストラクションでは、ワシントン大学図書館の国内での位置づけ、蔵書数や米国の大学図書館協会（ACRL）から大学図書館優秀賞など図書館として賞を受賞していることから、キャンパスに14ある図書館のどこに何があるのか、そして、日本研究に必要な資料のキャンパス内外及び日本からの入手の仕方、参考文献の書き方など、研究に必要な基本的な内容を話します。

指導と情報リテラシーワーキンググループ

　インストラクションに行くことで、学生たちは自分のリサーチをはじめることができるようになります。またサブジェクト・ライブラリアンの存在を知ってもらい、その後学生たちが困ったときには質問に来やすくなることを期待しています。

　インストラクションはどのサブジェクト・ライブラリアンにとっても重要な仕事です。同僚にばったり会った時も「今学期は何クラス教えた?」と話がはじまりますし、サブジェクト・ライブラリアン同士で集まり、教え方のノウハウをシェアすることもよくあります。ワシントン大学図書館には 指導と情報リテラシーワーキンググループ（Instruction & Information Literacy Working Group）というものがあり、ライブラリアンによるインストラクション技術の向上に取り組んでいます。このグループは、教えに行く授業目的の設定の方法から、レッスンプランの作り方、利用する教室の予約の仕方、教えた授業がうまく行ったか否か自己評価の仕方などをまとめてライブラリアンたちの教育に務めています。

　また、ACRL もインストラクションには力をいれており、ガイドラインも出ています▶13。

　大学内には先程も述べた通り Center for Teaching and Learning という部門があり、教員やライブラリアンが教室で教える上で必要なスキルが学べたり、どのように自分の教え方を評価すれば良いかなどのスキルを教えてもらうことができます。秋学期の始まる前には、このセンターがその年に新しくワシントン大学に着任した教授とライブラリアンを対象に数日のオリエンテーションを開き、教え方の有用なセッションと、交流会を開いてくれます。

6. 学内外の委員会の活動

　ライブラリアンの仕事には、各種委員会活動の仕事も含まれてきます。ワシントン大学図書館には 5C 以上の委員会があり（https://staffweb.lib.washington.

edu/committees)、各ライブラリアンは複数の委員会のメンバー（もしくは委員長）
を務めています。前述の図書館ワークショップを向上させるための教授法委
員会から、図書館イベントの委員会、SNS 委員会、オープンアクセス委員会、
留学生サポート委員会など、本当に多くの委員会が存在しています。2017
年 10 月現在の委員会の一覧を、表 2 にまとめてみました。

　私がこれまでに携わったことのある委員会についてそれぞれ簡単に説明し
てみます。

Access Services Committee	Libraries Collections Disaster Team
Adjudication Committee	Libraries Council
Allen Signature Awards Review Committee	Libraries Functional Directory Task Force
Alma/Primo Operations Group	Libraries Intranet Operations Group (LIOG)
ARL Career Enhancement Program	Libraries Security Committee
Association of Librarians of the University of Washington (ALUW)	Libraries Staff Association
	Libraries Wellness Committee
Cataloging Policy Committee	Library Research Award for Undergraduates Committee
Collections & Resources Council	
Constitution Reading	Licensing and Acquisitions Review Group
Creative+Communications-Libraries Steering Committee	Media Center Review Task Force
	Metadata Implementation Group
Data Services Team	Open Access Policy Steering Group
Deed of Gift Task Force	Open Educational Resources Steering Committee
Digital Humanities Planning Committee	
Digital Scholarship Task Group	Organizational Review Initiative Steering Group
Digital Workflows Task Force	
Distinguished Librarian Award Selection Committee	Public Web Operations Group
	Pubterm Group
Diversity Advisory Committee	Reserves Operations Group
Ergonomics Support Team	Scholarly Communication Steering Committee
eScience	
Federal Depository Library Program (FDLP) Options Review Group	Science Librarians
	Signage Committee
Humanities Fund Group	Social Sciences Fund Group
Information Resources Council (IRC)	Staff Development Advisory Committee
InForum	Staffweb Replacement Task Force
Librarian Advisory Program Committee	Suzzallo Ground Floor Services Planning Committee
Librarian Personnel Committee	
Libraries Art Advisory Committee	Teaching & Learning Group
Libraries Assessment and Metrics Team	Tent City 3 Task Force
Libraries Cabinet	Travel Support Task Force

表 2　ワシントン大学図書館にある 50 以上の委員会の一覧（2014 年 8 月現在）

ダイバーシティ委員会（Diversity Advisory Committee）

　ダイバーシティ委員会は 2 年の任期で、図書館職員とコミュニティのダイバーシティに関するニーズをレビュー＆評価すべくアンケートを行ったり、館内のダイバーシティ化を目指し目標を設定し文書化したり、職員たちとダイバーシティについて話し合いを進める役目を果たすものです。求人をする際の求人情報の文書にもワシントン大学図書館のダイバーシティに関する見方が記されているのですが、この文書の内容の検討なども、この委員会で行いました。

パブリック・ウェブ・オペレーショングループ（Public Web Operations Group）

　こちらも 2 年の任期です。その名の通り、図書館のウェブサイトを良くするためのグループで（オンラインカタログやデータベースを含めた）ウェブサイトの内容やデザインに責任を持ち、大学のサイトのデザインとマッチさせるとか、アクセスのしやすさを改善させます。ただ、ウェブサイトに変更を加えるのは IT 部門の担当で、この委員会では、UX（User experience）の提言をするところまで担当します。

デジタル・ヒューマニティーズ・タスク・グループ（Digital Humanities Task Group）

　図書館におけるデジタル人文学の存在を広めるのが目標です。キャンパスのあちこちで Digital Humanities を支援するユニットや活動があるのですが、図書館がそのハブになって利用者への情報提供や、ワークショップや招待講演の開催をします。

ティーチング・ラーニング・留学生グループ（Teaching Learning International Students Group）

　先程触れた、指導と情報リテラシーワーキンググループのサブグループである留学生への指導と情報リテラシーの向上を考えるグループの議長をして

います。このグループでは、初めて米国の図書館を利用する留学生たちのカルチャーギャップを軽減し、また参考文献の書き方など、米国特有のルールの指導の仕方や機会を考えています。活動としては留学生にインタビューして、彼らのニーズも理解に努めたり、留学生向け図書館ページを開設したり、新入留学生たちへのイベントなども企画しています。

アレン特別助成金選考委員会 (Allen Signature Award Selection Committee)

　ワシントン大学図書館内の助成金の1つ、アレン特別助成金 (Allen Signature Award) の選考委員会を務める機会もありました。この助成金は 7,500 ドル以上の資料の購入やプロジェクト費用を対象にしたもので、委員会では高額資料の購入や、資料修繕のプロジェクトなどの助成金の申請書を読み、助成の可否を検討しました。

面談予約システムのタスク・フォース (Appointment Scheduling Task Force)

　利用者がサブジェクト・ライブラリアンたちとの面談を取るのに利用できる予約システムを考えるグループでした。学内にさまざま存在している予約システム (大学病院から、カウンセリングサービス、ライティングセンターなど) や他大学の図書館の使っている予約システムを参考に、ワシントン大学図書館に取り入れるのにふさわしいシステムをいくつかテストし、上層部に提案しました。

人事審査委員会 (Personal Review Committee)

　ワシントン大学のライブラリアンのポジションはテニュアトラックで、就任後最長6年以内に、終身雇用の審査を通過しなければ解雇されることになっています。この審査はまず図書館内から選ばれたライブラリアンたちのグループで行われ、そのグループが推薦した申請者たちがさらには館長、最終的には学長の許可を得て終身雇用が決まることになっています。私もこの審査委員になる機会があり、2人のライブラリアンの審査に携わりました。

その他の活動

　時には、イベントのボランティアをしたり、トークをしにでかけたりということもあります。エッセイコンテストの審査員などの仕事を割り振られることもあります。

　イベントのボランティアとしては、シアトル日系人のゴードン・ヒラバヤシ氏のメダル授賞式での会場ボランティアをしたり、2015 年の National Library Week の iSchool でのイベントでは、DIVERSITY = Unlimited Possibilities in the Libraries と題して、自分の仕事やダイバーシティについて話す機会もありました。また、セントルイスにいる頃にもライブラリアンと出版についての集まりがあった際には、これまでに出版させて頂いた機会について、どのようにして機会を得たのか、書く時間をどのように設けたのか、など経験をシェアしたことがありました。

　さらに、一時的な委員会の仕事として Search Committee の仕事があります。空席のあるポジションの募集から採用までを担当する委員会で、ポジション毎に形成され、採用と共に解散します。（詳しくは第 2 章参照）

学外の委員会

　学内の委員会活動はもとより、学外の委員会に参加しているライブラリアンも多いです。日本研究ライブラリアンだと、NCC や CJM（日本資料委員会：Committee on Japanese Materials）など北米の日本研究ライブラリアンで作る委員会（他大学の日本研究ライブラリアンと協力しながら北米の日本研究を支えるコレクションの発展を目指す）のメンバーとして活躍することが多いです。北米日本研究資料調整協議会には表 3 のような委員会やグループがあります。

ALA の理事会・委員会

　また、ALA の理事会や委員会に入り、米国の図書館界に貢献する同僚も多いです。ALA には、ALA の理事会である評議会（Council）、ALA の中央運営委員会である執行委員会（Executive Board）、青少年部門、公共図書館部門、

```
Multi-Volume Set Project Committee
Japan Art Catalog Project Curators
ILL/DD Committee (managing the Global ILL Framework)
Digital Resources Committee
NCC Image Use Protocol Working Group (IUP)
Cooperative Collection Development Working Group
Librarian Professional Development Working Group
Disaster Preparedness Working Group
```

表3　NCC（北米日本研究資料調整協議会）の委員会・グループ
http://guides.nccjapan.org/content.php?pid=246207&sid=2033556

ALAの委員会	ALAの評議委員会
Accreditation	Budget Analysis & Review Committee
American Libraries Advisory	Committee on Committees
Appointments	Commitee on Diversity
Awards	Committee on Education
Chapter Relations	Committee on Legislation
Conference	Committee on Library Advocacy
Constitution & Bylaws	Committee on Organization
Election	Committee on Professional Ethics
Human Resource Development & Recruitment Advisory (Office for)	Commitee on the Status of Women in Librarianship
Information Technology Policy Advisory (Office for)	Council Orientation Committee
Literacy	Intellectual Freedom Committee
Literacy & Outreach Services Advisory (Office for)	International Relations Committee
	Policy Monitoring Committee
Membership	Public Awareness Committee
Membership Meetings	Publishing Committee
Nominating	Resolutions Committee
Public & Cultural Programs Advisory	
Research & Statistics	
Rural, Native & Tribal Libraries of All Kinds	
Scholarship & Study Grants	
Training, Orientation & Leadership Development	
Website Advisory	

表4　ALAの委員会／ALAの評議委員会
http://www.ala.org/groups/committees/ala

大学・研究図書館部門など、テーマ毎の関心事を扱うテーマ別部門（division）、
図書館とALAの全ての関心事項に影響を及ぼす分野を所掌するALA委員
会（ALA committees）、テーマ別部門（division）の所掌範囲以外で、司書の地位
に関する同じ分野に関心を持つ会員から構成される円卓会議（round tables）、

地域内の図書館サービスや司書の地位の促進を所掌する支部（chapters）、提携団体（affiliated organization）があります。（表4参照）

ACRL の委員会

ACRL（大学・研究図書館協会）も大学図書館に勤めるライブラリアンたちが委員会活動を通して貢献することの多い組織です。ACRL には情報リテラシー、ダイバーシティなどテーマ別の委員会（Division Committees）、ACRL の出版物を扱う出版物調整委員会（Publications Coordinating Committee）、アート、貴重書、文化人類学・社会学などのセクションに別れたセクションなど 300 以上の委員会があります▶14。

7. 図書館展示

初めての展示会のキュレート―1 年前からスタート

私たちは図書館での展示担当をすることもあります。2014 年 10 月末から 12 月末までの会期で、私にとって初めての展示会をワシントン大学のスザロ・アレン図書館でキュレートしました。たいていの場合、図書館での展示というのは、図書館が所蔵する品をお披露目したり、所蔵書物を通じて何らかのテーマについて教育する、あるいは、オープンアクセスなど、図書館で起こっていることを啓蒙する目的があります。私が担当した展示は、図書館が所有するものを展示するという通常のスタイルとは異なるもので、シアトルにいるコレクターから作品を借りて展示するという企画でした。この展示は渡辺禎雄という日本のクリスチャンアーティストの版画をテーマとしたもので、大小合わせて 30 点ほどの作品に加えて、その道具類、版画の手法を紹介するものでした。

準備は 2013 年末にはじめたのですが、ちょうどその頃、1913 年生まれのこの版画家の生誕 100 周年の展示が日本でもいくつか開催されており、日本に出張した際に見学して、キュレーターの方々、それから、この版画家の

作品を集めた東京のギャラリーの方にも話を伺い、展示企画のための情報集めを行いました。展示を行った担当者の方々からは、展示用の作品をどのように選んだか、展示の見せ方、広報の方法、ゲストの反応など

図13　初めての展示会のキュレート。会場の様子

をうかがうことができました。この版画家は1996年に亡くなっていたのですが、彼を知るギャラリーや美術館のキュレーターの方々からアーティストについてうかがうにつれ、作家と作品への親しみと理解が深まっていきました。

展示作品の選定と著作権の権利処理

　シアトルに戻ると、コレクターのお宅に何度か足を運び、展示に使う作品の選定をはじめました。テーマは全て聖書から取られており、「最後の晩餐」や「ノアの箱舟」など親しみのあるテーマの作品を中心に、コレクターの方の「お気に入り」も交えて決定しました。同時に、展示場で使える、展示ケースやパネルなどの用具類も研究することになりました。最終的には、図書館では美術館のような（盗難や作品保護にとって）安全な展示ケースが用意できないため、オリジナル作品ではなく複製を展示することにし、資料保存課部門で複製を作成してもらいました。

　複製には、著作権の権利処理も必要となります。図書館の著作権担当者と、大学内の法務と、学内の美術館のキュレーターに、それぞれ権利処理の方法

について相談したのですが、見事に答えがバラバラでだったうえに、著作権者（家族）が日本にいる場合は、どの国の法律を適用するのか等々悩ましいものでした。考えた末、著作権者に直接許可を取りに行くという一番保守的な方法で進めることにしました。著作権者に英語と日本語で手紙を書き、図書館の著作権担当者と上司に内容を見てもらった上で、その手紙を携えて日本に行きました。展示会スタートの3ヶ月前のことです。

著作権者のもとに直接出向く

著作権者である方のご家族は温かくお宅に招いて下さり、版画家が制作活動をしたその場所で、私の仕事のことや、展示の計画のことなどを聞いて下さいました。それはとても私にとって感動的な出来事になりました。権利処理についても、すぐにご理解下さり許可して下さいました。ご家族からは、生前の様子をうかがい、お宅に飾られている作品も見せて頂きました。訪問の最後には、展示で使えるように型紙と、それから制作過程の段階がわかる2枚の版画をを貸して下さいました。当初の予定では、さまざまな制約から、原版はほとんど飾ることができないことになっていたので、この提案を光栄に思い、とても緊張して型紙と作品をお借りし、帰路につきました（もちろん手荷物で）。

展示の準備と講演準備、最終調整

シアトルに戻ると、資料保存課部門、広報部門、施設部門と展示の準備と最終調整を始めました。

資料保存課部門には、コレクターからお借りした20枚もの版画の複製を作ってもらったり、展示イベントのポスターを作ってもらったりしました。ポスターをキャンパス内や近所のカフェやお店の掲示板に貼ってもらうようにお願いしたり、シアトル内の美術館や図書館にも持ち込んで宣伝の協力をお願いしました。

図書館の広報課には、展示で使ったイメージから広報用のビデオを作っ

図 14　パイル女史と

てもらったり、学内外のメディア（大学や図書館ウェブサイトのカレンダーのページやローカルの新聞のイベント欄）でのイベントの宣伝をお願いしました。

　また展示の期間中にはゲスト講演者を招聘する講演を 2 件企画しました。1 つ目は、展示にコレクションを貸して下さったコレクター、アン・パイル女史の講演。「私の先生、渡辺禎雄」（"My teacher, Watanabe Sadao"）と題して、この版画家について、唯一の個人的な弟子であった経験、また作製過程などについて実演を交えながら話して頂きました。2 つ目は、日本におけるキリスト教の歴史、キリスト教芸術、アーティスト渡辺の作風やその理解の仕方についてなどを、「日本におけるキリスト教：渡辺禎雄の信仰したものについて」"Christianity in Japan: Some Observations on Sadao Watanabe's Faith" と題して、UCLA 歴史学科の元教授であるフレッド・ノーテルファー（Fred G. Notehelfer）に話して頂きました。

　こうした講演を実現するには、まず講演者を探さなくてはなりません。コレクションについて語ってもらう人が 1 人、日本のキリスト教について話してもらえる人が 1 人必要だと決めて探しました。コレクションについては、作品を貸し出して下さったパイル女史が担当することを快く引き受けて下さりとても助かりました。

　ですが日本のキリスト教を専門にしている研究者は残念ながらワシントン大学にはいません。このテーマで話せる人は、招聘する予算も非常に限られていたので、ワシントン州内及び近郊で探す必要があって苦労したのですが、日本史教授陣のネットワークも借り、ノーテルファー教授が快く引き受けて下さいました。

展示会がスタートしても続く仕事

　展示会がスタートしてからも仕事は続きます。週1度のギャラリーツアーは、学内の学生や教職員だけでなく、シアトルを訪れてたまたま大学の見学をし、たまたま図書館に立ち寄った旅行者の参加などもあって、まさにセレンディピティでした。また広報を見た州外の芸術関係者から、同じような展示会を開きたいのだが、といった連絡への対応や、講演会の司会進行の準備から、講演者をお連れするディナー会場探し、そのための予算調整など、作業の連続でした。

　最終日は訪問客の残るなか、展示品を取り下げました。1年かかって準備し、2ヶ月間展示したものですが、片付けるのは1時間とかかりませんでした。しかし展示の準備を通して出会った方々や、展示を見て下さった方々との交友は永久不滅のものに違いありません。

　またこれほどの規模ではありませんが、このほかにも、近年まとまって寄贈されたマンガのコレクションを系統立てて展示したり、東アジア図書館が80周年の節目を迎えるにあたり、その歴史を伝える展示、またワシントン州日本文化会館の巡回展 Unsettled ~ Resettled: Seattle's Hunt Hotel（https://jcccw.org/hunthotel/）をホストした事もありました。

8. 参加する学会と交流

サブジェクト・ライブラリアンが参加する学会

　サブジェクト・ライブラリアンが参加する学会は、主に2種類あります。

143

1つは ALA（アメリカ図書館協会）、SLA（アメリカ専門図書館協会:Special Libraries Association）、ACRL（大学・研究図書館協会）といった、図書館に特化したもの。そして担当学問領域に特化した学会です。前者は、広く図書館で話題になっている問題を扱うもので、ライブラリアンのプロフェッショナル・デベロップメントには不可欠な学会です。後者は、学問領域のリサーチトレンドや、資料、主要な研究者を知ることができるので、コレクション構築やレファレンスに役立ちます。

　私がサブジェクト・ライブラリアンになって、担当学問領域のトレンドや新しいテクノロジーを学ぶために、また人脈を広げるために参加したことがある学会は、AAS（アジア学会）、CEAL（東亜図書館協会）、NCC（北米日本研究資料調整協議会）、ALA、ACRLなどです。他にも、インストラクション関係の学会や、ダイバーシティ関係の学会にも興味があります。

　図書館関係の学会は、興味や関心によってさまざまありますが、私が参加したことがあるものを以下に紹介します。

AAS（アジア学会 : Association for Asian Studies）

　1941年に発足したアジア研究の学会で、現在8,000人を越える会員がいます。このなかに CEAL（東亜図書館協会:Council of East Asian Libraries）と言って東アジア図書館の資料やサービスにまつわる共通の問題や話題を取り扱う図書館の連絡組織もあります。CEAL は非営利の団体で1958年にできました（前身の組織の発足は1948年）▶15。

　毎年3月に行われる AAS の年次会はほぼ毎年出掛けています。また、AAS が行われるタイミングに合わせて同じ週の前半に開催される CEAL のミーティングにも参加します。CEAL では東アジア図書館をとりまくトレンドが扱われており、近年は学術のコミュニケーションに関して、MOOC や Digital Humanities が取り上げられました。そこでは教員や研究者から、最近の研究方法の動向についての話もあり、図書館利用者の動向を知る上でサービスをどう向上させていくかを考える機会となる素晴らしい学会です▶16。

144

　AAS は最近のアジア研究の最前線を行く発表が目白押しで、トレンドを知るのに最適です。研究動向だけではなく、AAS の会期中は日本の出版社や新聞社、取次書店のブースも出展されるので、新しい出版物やサービスについて学ぶことができる夢のような学会です。

ALA（アメリカ図書館協会：American Library Associaion）

　ALA は夏の大会と冬の大会があります。私は 2014 年夏の大会で初めて ALA の大会に出席しました。その直前に、1 章を共著で書いた本が出版され、その出版を記念するレセプションが会期中に行われたからです。

　大学図書館だけでなく、公共図書館などありとあらゆる図書館のライブラリアンが参加する、非常に規模が大きい大会です。セッションの内容もさまざま。大学図書館の、そのなかでもサブジェクト・ライブラリアンで、しかもアジア研究にフォーカスしていた私にとっては、全く異なる世界で活躍するライブラリアンたちに会えたのは素晴らしいことでした。

　例えば、公共図書館で働く参加者からは、どれだけ幅広い利用者を対象に毎日働いているか聞くことができました。子供から大人まで、またホームレスもいれば、州外から当地にしかない資料を探しに来る利用者にも対応しています。私の仕事では、日本研究プログラムに所属する利用者や、日本関係の授業を履修する学生、それから日本に興味のあるコミュニティからの利用者が主な対象になるので、彼らのような突拍子もない出来事に遭遇することはあまりありません。

ACRL（大学・研究図書館協会：Association of College and Research Libraries）

　ACRL は、ALA の分科会の 1 つで、アカデミック・ライブラリアンが高等教育の現場で情報や資料を提供したり、学習や教育、研究をよりよくすることを目的とした会で、1 万人以上の会員がいます。日本語では大学・研究図書館協会と訳されていることが多いようです。

　この学会は AAS と同時期に行われるため、これまで参加できずにいた

のですが、2015年の3月の大会に初めて参加しました。というのも、この会でパネル発表をすることになったからです。私たちのパネルは、『個人から機関へ：人種的マイノリティの学術図書館員の経験をめぐって（From the Individual to the Institution: Exploring the Experiences of Academic Librarians of Color)』というもので、図書館界における、私のような人種的マイノリティのライブラリアンの少なさをテーマに研究している2つの研究チームと、2人の個人研究者が参加するパネルとなりました。

　ACRL は2年に1度の開催です。幸運なことに2017年3月の年次会にも参加する機会を得ました。このときにも前回と同じ研究グループで、人種的マイノリティのライブラリアンについて『学術図書館における交差性の研究（How it all comes together: the theory and application of intersectionality studies in academic libraries)』というタイトルで発表をし、人種的マイノリティと言っても、人々のアイデンティティは、その他にもジェンダー、社会地位、学歴、居住地域、宗教、障害の有無など全ての背景が交差したところにあるという社会学理論の1つ「交差性（intersectionality)」をマイノリティのライブラリアンのアイデンティティ形成に当てはめて考えました。

PRRLA（環太平洋学術図書館連合：The Pacific Rim Research Library Alliance）

　環太平洋学術図書館連合は、1997年10月に発足し、米国、カナダ、メキシコ、ニュージーランド、インドネシア、香港、オーストラリア、シンガポール、中国、台湾、韓国、日本の環太平洋諸国から、2017年現在40の大学・研究機関の図書館が参加し環太平洋地域における電子媒体による学術情報の共有と提供を目的として活動しています。日本からは関西大学図書館と東北大学図書館がメンバーとして名乗りをあげているようです。

　この連合の目的は、参加館がリソースシェアリング、協同コレクション構築、ドキュメント・デリバリーなどの面で協力していくことにあります。具体的にはデジタル化事業、電子資料の共有、人事交流、プロフェッショナル・デベロップメントなどが行われています。

　年次会は毎年メンバー国を巡回して行われ、私は 2013 年と 2017 年に参加することができました。▶17。

PNC（Pacific Neighborhood Consortium）

　2013 年の冬に京都で開催された会に参加しました。PNC は 1993 年にデジタルリサーチや環太平洋地域の研究者・教育者のつながりを強化することにコミットしてきた学会です。会議では研究者たちによるデジタル・ヒューマニティーズツールを使った研究成果の発表が多く、研究者たちが今どのように研究を進めているのかを知る機会となりました。なかでもその後大変重要なつながりとなる、外邦図研究者の発表が素晴らしかったです▶18。

Beyond the Book: A Conference on Unique and Rare Primary Sources for East Asian Studies Collected in North America（本を超えて：北米東アジア研究向け貴重資料会議）

　2015 年 7 月にスタンフォード大学で行われたこの会議では、北米で収集されている貴重ながらあまり知られていない東アジア研究資料について 2 日間に渡り、30 近い発表者からそれぞれ紹介がなされました。私はその前の年にワシントン大学図書館で発見された外邦図について、発見経緯から、資料の価値や、利用の可能性について発表しました▶19。

EAJRS（日本資料専門家欧州協会年次会:European Association of Japanese Resource Specialists）

　2015 年 9 月 16 日から 19 日までオランダはライデンで開催された第 26 回年次会に参加しました。この会議は 1990 年以来、欧州の図書館員、キュレーター、研究者などで、日本研究資料の収集、普及、利用をテーマに集まりを続けてきたそうです。私は米国の大学図書館で日本研究をサポートする図書館員で、欧州の会議には部外者なのではないかと参加をためらっていましたが、北米には図書館員と研究者が一同に会して日本研究資料について話し合

う場がほとんどなく、EAJRSには密かに関心を持っていましたた。またこの年の開催地はシーボルトが鎖国中の日本からの帰国後に住んだ街であり、ヨハン・ヨーゼフ・ホフマンがヨーロッパで初めて日本研究科（在ライデン大学）を創設した土地であったことから、プログラムにはシーボルトが持ち帰った品々が残るシーボルトハウスやライデン大学図書館の見学が盛り込まれ大変魅力的でした。幸運なことに発表の機会を得、奨学金まで頂き、年次会への参加が叶いました。この会議でも私はワシントン大学の外邦図について、日本の外邦図コレクションの事情を話して下さった東北大学の関根良平先生と国学院大学の山本健太先生と共同発表をしました▶20。

National Diversity in Libraries Conference（図書館における多様性会議）

　図書館の多様性をテーマにしたこの会議は、開催は不定期で公立、学術など図書館種を問わず利用者、資料、職員などの多様性を考える内容になっています。私は、2016年8月の会議で非白人のライブラリアンの少なさと、彼らが白人中心の図書館界でどのようにアイデンティティを確立するのかをテーマにした共同研究を発表しました▶21。

Joint Council of Librarians of Color（有色ライブラリアンの合同会議）

　米国に存在する5つの人種毎の図書館関係グループ（アメリカ・インディアン図書館協会［AILA : American Indian Library Association］、アジア・太平洋諸島系アメリカ人図書館協会［APALA : Asian/Pacific American Librarians Association］、アメリカ図書館協会黒人総会［BCALA : Black Caucus of the American Library Association］、中華系アメリカ人図書館員協会［CALA : Chinese American Librarians Association］、全国ラテン系及びスペイン語話者への図書館情報促進協会［REFORMA: The National Association to Promote Library & Information Services to Latinos and the Spanish-speaking］http://www.jclcinc.org/）の合同会議で、有色ライブラリアンを取り巻く問題をテーマにしています。こちらは発表はしたことがありませんが、2012年の会議に参加しました。

ARL Fall Forum 2015（Association of Research Libraries の秋のフォーラム）

2015 年の研究図書館協会の秋のフォーラムではデジタル・スカラーシップをテーマに大学の研究者たちが自らのデジタル・スカラーシップの方法を、また図書館員たちもどのように利用者のデジタル・スカラーシップを支援しているか発表がありました。私と同僚のライブラリアンはワシントン大学を代表しこれらの発表を聞いてくるようにという要請で参加したのですが自らの知識習得にも大変役立つ会議でした▶ 22。

この他日本で行われる、図書館総合展や Japanese Association for Digital Humanities などの学会や年次会に参加することもあります。

パーティーやさまざまな交流を通してのネットワーク作り

大学内外のライブラリアンや地域の日本関係組織の方々との交流の機会はシアトルに来てからとても増えました。大学内の他のライブラリアンたちとは、ランチやハッピーアワーに出掛けて交流しています。私が働く部署は学部図書館なので、こうした交流を通して本館や他の学部図書館がどのような活動をしているのか知ることはとても貴重なものです。

また地域の公共図書館のライブラリアンたちとは頻繁にハッピーアワーやブランチの会を開いて交流しています。公共図書館のサービスやコレクション、イベントについて話を聞くこともできますし、またアカデミック・ライブラリアンとは違うメンタリティのライブラリアンと、ライブラリーという共通項で話は盛り上がります。

近所の美術館のイベントに参加し、キュレーターや美術館ライブラリアンの方々とも交流します。特にシアトルにはシアトル美術館に付属して、日中韓などアジアの美術品を扱うシアトル・アジア美術館があり、アジア美術専門の図書館もあります。日本関係のイベントも行われて、私自身も出掛けて楽しむ美術館の 1 つです。アジア美術館の図書館には、大学にないアート関係の資料もありますし、逆に美術館図書館にはない資料や、答えられないレ

ファレンスもあるので、美術館図書館のライブラリアンたちとは日頃からお互いに協力し合っています。

　シアトルにはマイクロソフトやボーイング、アマゾンといった大企業があり、それらの図書館との交流も進めていきたいと思っています。

　シアトル総領事館が日本関係者を招待するレセプションのようなイベントも地域の日系や日本関係の要人と出会う良い機会となります。私はこれまで、天皇誕生日のランチョン、それから新年会のイベントに参加させて頂きました。その日のために特別に日本から仕入れた素材で調理されたお祝いの食事をとりながら、さまざまな立場の人々と話が盛り上がります。

　こういった場では最近の日本事情や在シアトル日本企業についても学べますし、シアトルにおける日本研究の意味などを考える機会にもなります。またこうしたイベントなどで、日系人や日本人の方々と知り合い、図書館について知ってもらうことで、資料を使ってもらえるようにもなり、本を寄贈して下さるきっかけになったこともあります。

　また大学図書館でもドナー（寄贈・寄付主）の方々を招いたイベントを開催し地域の方々と交流する機会もあります。例えば、Friends of the Libraries ▶ 23 といって、年間 100 ドル以上の寄付をして下さった皆さんを図書館にお呼びするイベントが年に何度かあります。資料整理のために寄付を募って行ったプロジェクトの終了記念レセプションや図書購入出張で調達してきた資料をお披露目する会などが良い例です。こうしたイベントは、たいてい会食や立食レセプション、図書館やコレクションのツアーに参加して頂くことになるのですが、そこでは日本の資料や日本研究についての興味を共有したり、それらに興味を持つサポーターの方とお話する機会を持つことができます。Friends of the Libraries のイベントのなかでも大きなものに、年に 1 度、ファンドレイジング（資金集め）のために開催される Literary Voices があります。地元シアトルやワシントン州を含む米国北西部地方にゆかりのある作家たちと夕食のテーブルを共にできるというイベントで、テーブル単位、あるいは

座席単位の参加チケットが図書館への寄付になるという仕組みです。またイベントでは、その年の特定のテーマ（図書館でアルバイトをする学生への奨学金制度の充実や資料修繕センター建設など）に対する寄付をする機会もあります。

　各テーブルには作家とワシントン大学のライブラリアンが1人ずつ配置されることになっています。2017年のイベントにはライブラリアン担当としてこのイベントに参加させてもらいました。

▶注

[1] Council on East Asian Libraries Statistics 2015-2016 For North American Institutions
https://kuscholarworks.ku.edu/handle/1808/22713
[2] 当日のプログラムはこちら。http://www.slis.doshisha.ac.jp/event/20160625.html
YouTube 映像はこちら。https://youtu.be/-r4byVlaqqU
[3] 当日のプログラムはこちら。http://toshokanshi-w.blogspot.jp/2016/06/30.html
[4] Council on East Asian Libraries Statistics 2015-2016 For North American Institutions.
Retrieved from https://kuscholarworks.ku.edu/handle/1808/22713
[5] http://www.nippon-foundation.or.jp/en/what/projects/readjapan/bookdonations/
[6] https://en.kf.or.kr/?menuno=3820
[7] QuestionPoint は 2002 年に議会図書館（Library of Congress）と OCLC が開発したオンライン・レファレンスサービスのこと。24/7 は「週 7 日間の内 24 時間ずっと」の意味で、毎日 24 時間いつでも、世界中のメンバー館の誰かがレファレンスに答えてくれるのが売りです。
[8] CEAL（Council on East Asia Libraries）の会員と、東アジア図書館の活動に関心のあるメンバーのためのメーリングリスト。誰でも登録することができるが、ベンダーは営業に利用しないようにと注意書きがなされている。
http://www.eastasianlib.org/Eastlibinstructions.htm
[9] リストへの参加情報は公開されていません。
[10] Encyclopedia of Library and Information Sciences, 3rd ed., s.v. "academic libraries."
[11] 国立国会図書館「雑誌記事索引の RSS 配信について」
http://www.ndl.go.jp/jp/data/sakuin/about_rss.html
[12] Jackson, P. A., & Sullivan, P. (2011). *International students and academic libraries: Initiatives for success.* Chicago, Ill: Association of College and Research Libraries.
[13] http://www.ala.org/acrl/standards/standardsguidelinestopic
[14] http://www.ala.org/acrl/aboutacrl/directoryofleadership/committees/acr-pb
[15] http://www.eastasianlib.org/CEAL/AboutCEAL.pdf
[16] http://www.eastasianlib.org/CEAL/AnnualMeeting/plenary/plenaryminutesEtc/2014Plenary.pdf
[17] http://pr-rla.org/annual-meetings/
[18] http://www.pnclink.org/pnc2013/english/
[19] http://events.stanford.edu/events/530/53091/

［20］ http://www.eajrs.net/files/happyo/tanaka_azusa_15.pdf
［21］ https://ndlc16.sched.com/event/7h5v
［22］ http://www.arl.org/events/upcoming-events/arl-fall-forum-2015
［23］ http://www.lib.washington.edu/support/friends

東日本大震災の日のこと

　3月11日は金曜日で、私はセントルイスで朝日が気持ちの良い春の朝を迎えていました。仕事に出掛ける前にメールをチェックすることを日課としていた私は、東京の書店の方からの1通のメールで、日本で大きな地震があったことを知ります。メッセージには「大きな地震がありましたが、皆無事です」とありました。この担当者の方とは、東京に行くときや、学会でお目にかかるときには、食事に出掛けたりする仲ですが、地震が日常の日本からこのようなメッセージが来るとは何事かと、すぐさまオンラインの新聞をチェックしました。地震の発生から7時間程経っているにもかかわらず、あまり詳しいことが伝わってきません。大きな地震があったあと、大きな津波が襲ったらしい、ということはわかりました。

　オフィスに到着するとボスが心配そうに私に挨拶して、家族や友人は無事かと尋ねてくれました。インターネットでニュースを追っていた彼は、仙台空港が津波被害にあった様子をパソコンで見せてくれました。津波の被害で、何百人もの遺体が海岸に流れ着いているということでした。一体どんな大きな津波が襲ったとのいうでしょう。

　その日はとても忙しい1日となりました。地元のメディアから問い合わせが入って来たからです。州内唯一の日本を専門に扱うライブラリアンだったので、私のところに集中したに違いありません。まずは、地元局のテレビインタビューを受けました。クルーが図書館にやって来て、日本の家族や友人はどうしているか、地震についてどう思うか聞かれました。その後、2つの新聞社からも被害状況について知っていることについて質問を受けました。私の方が情報を聞きたいくらいだったのです。最後は、コラムを書こうとし

ているジャーナリストからの質問で、東北の海産のことや歴史的なことを問われました。提供できる資料は紹介して、あとは東海岸でそのあたりのことを研究している専門家を紹介しました。

　質問への対応が終わったのは午後の3時でした。お茶を淹れて、外の空気を吸いにオフィスを出ました。この間にも何百人もの人がなくなっているかもしれないのに、私にはキャンパスを歩くしかなく、涙が出てきました。あの時のどうしようもない気持ちは今でも覚えています。日本が遠くに思えて、思い返せばあの日から、日本になるべく近い都市に移動したいと思いはじめたのでした。

　地震発生直後から学内の日本人の学生たちと日本に寄付金を送るための活動を始めました。Tシャツやしおりを作って売ったのです。図書館の同僚たちも随分買ってくれてとてもありがたかったです。同僚たちは何人も私のオフィスに足を運んで、お悔やみを述べてくれました。なかにはショッキングなニュースを見過ぎて感情的になってしまったのか、おいおい泣いてしまう人もいましたが、あの日のことは米国人の同僚たちにも少なからず影響を与えていたのでした。

　地震直後、東日本で計画停電が実施され、米国の日本研究者たちも頼りにしていたいくつかのデータベースが使えなくなりました▶1。また、日本の図書館や公文書館、美術館、博物館などにあった資料や文化財も被害に遭いました。北米内の日本研究司書たちは、いつもオンラインやインター・ライブラリー・ローンでアクセスできる日本の資料が使えなくなるこの事態を受けて、北米内で日本資料を収集することの重要さを確認したのでした。このことがきっかけで、北米の大学間で協力し、大学間での重複を避けながら、かつ北米に1冊はあるべきタイトルを選書をすることを目標にした Cooperative Collection Development Working Group というワーキンググループの立ち上げに関わることになりました。

　このグループは、北米内の日本コレクションのコレクション・デベロップ

メント・ポリシーで集中して収集している分野を調査した結果をウェブサイトで公開し、どの大学が何を集めているのか可視化させました。また、主要な日本の新聞のリストを作り、どの図書館が何を持っているか、そして今後責任を持って収集できるかを表明する場も設けました。

　ライブラリアンとして何か復興のお手伝いはできないものかと探していたところ、「石巻文化センター図書室のカード目録電子化ボランティア」という活動を発見し参加させて頂きました▶2。

　このプロジェクトは、考古学・文献史学を専門とする、各種研究機関や地方自治体、民間の各種団体に所属している個人が作った「被災文化遺産支援コンソーシアム（CEDACH）」▶3がリードしているものでした。石巻の文化センターに所蔵されていた調査報告書等の図書資料が水損の被害を受けたのですが、文献管理に使われていた図書カードが幸いにも大半が判別可能な状態で、このカードを頼りに、コレクションを再構築しようという試みでした。

　カードカタログがデジタル化され、その画像をみながら、エクセルにリストを復元していくという作業です。私は「く」のカードを担当し、245件について、カードに記されていた、登録番号、受入年 受入月、受入日、書名、著者、発行所、刊年、購入／寄贈の別、購入または寄贈先、価格を書き写すという作業を行いました。画像もエクセルも Google Doc でシェアされていたので、申し込みから、入力作業、報告まで、作業は全てオンラインで米国から参加することができました。

　▶注

［1］データベース等休止情報（東日本計画停電に伴う）
http://www.kulib.kyoto-u.ac.jp/modules/bulletin/index.php?page=article&storyid=791
被災資料救済リンク集
https://www.jla.or.jp/portals/0/html/hozon/kyusai_link.html
［2］http://verisimilarly1.rssing.com/chan-2655114/all_p2.html
［3］http://cedach.org/

·········4·········

こんな研修でスキルを磨く

新しい職場ですぐに行ったこと

　2009 年 1 月 28 日は私のライブラリアンとしての仕事がスタートした日です。仕事のオファーを受けた 2008 年 11 月には、まだシラキュース大学で図書館情報学修士号（MLIS）のコースにいました。万が一仕事のオファーがあった場合、その学期で卒業するつもりだったので MLIS を 12 月に取得し、年が明けて 1 月、米国大陸を半分移動してセントルイスに引っ越しました。

　新しい仕事につくと、そこで使われている OPAC の操作の仕方や、コレクションの在りかの確認や（雑誌の最新号は閲覧室に、1 年経った雑誌は製本して書庫に、日本研究の書籍もアジア言語のものはアジア図書館に、英語のものは本館に置く等々）、購入部門（Acquisition）、目録（Cataloging）、貴重書部門（Special Collection）など、日頃サブジェクト・ライブラリアンが協力して仕事をする機会の多い部署の担当者への訪問など、その図書館で仕事をする上で知っておかなくてはならない情報を学ぶことになります。同時にサブジェクト・ライブラリアンが

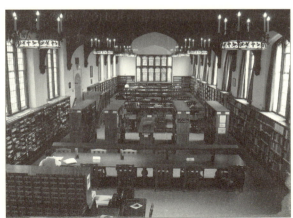

図1　セントルイスにあるワシントン大学東アジア図書館の閲覧室

新しい職場についてすぐに取り組まなくてならないことは、決められた年度予算で、担当する学部・学科の利用者たちにどのような図書館サービスを提供できるか考えることです。予算と利用者サービスをどう調理するかは、ライブラリアンの腕次第だという印象を持ちました。もちろん図書館ごとに、予算使用期限やコレクション構築の基本ルールやポリシーはあります。しかし、その予算の使い方にせよ、コレクション構築のサブジェクトごとの細かい設定にせよ、そのサブジェクト担当のライブラリアンが決定することになるのです。この新しい仕事についてすぐにコレクション構築の指針を書くことになりました▶1（コレクション構築については第3章を参照のこと）。利用者のニーズを知るために、教授陣に会いに行き、研究の関心分野や現在取り組んでいるプロジェクト、彼らが受け持っている大学院生たちの研究テーマについて聞き取りをし、教授ごとにエクセルにまとめました。ちなみにこのエクセルシートには、本の購入のリクエストがあったときにはその書誌情報を、レファレンスがあったときにはその質問と答えを記入し、その教授の必要をまとめるものとして使っています。

新しい職場に慣れるために役に立ったこと

　新しい職場では、他の学問領域のライブラリアンたちとのランチやコーヒーの時間が大変役立ちました。レファレンスの仕方や、利用者とどう接するかなど、経験者から学ぶ機会を多く得られました。加えて図書館内で、同じような職能のライブラリアンが集まって情報やスキルの共有するなど、同僚たちから学ぶ機会も大変有用です。

　例えば、ワシントン大学セントルイス図書館の職員で行われていた「Last Thursday at 3」という会は、毎月最後の木曜日の3時に、図書館ワークショップを担当するライブラリアンが20人程集まって、ワークショップのレッスンプランの作り方や、行ったワークショップの評価の仕方、利用者を巻き込むワークショップの方法、など毎回テーマを決めて情報交換をしました。この会のリーダーをしていたライブラリアンは元高校教師だったので、教え方

についても多く学ぶことができました。

　ワシントン大学では、第3章でもふれた、Teaching and Learning Group という、図書館研修をテーマにしたグループが月に1度集まります。参加者はサブジェクト・ライブラリアンが多いですが、図書館外からも、教授やティーチング・アシスタントの授業運営などを支援する Center for Teaching and Learning のスタッフ、ライティングセンターで日々学生たちと接するスタッフ、などもこの集まりに参加してくれ、図書館研修の質や内容の向上を目指し切磋琢磨します。

　また有志の若手のサブジェクト・ライブラリアンが月に1度ランチタイムにお弁当を持って集まり、サブジェクト・ライブラリアンに特有の悩みなどを共有する時間を持っています。

さらなる情報やスキルの共有のために

　また、大学を跨いでも、サブジェクト（日本研究）や職能（カタロガー、レファレンスライブラリアン）に特化した研修から、サブジェクトや職能はたまたライブラリアンか否かも問わないキャリア開発のプログラムの機会も多くあります。本章では、そのような研修やプログラムを、実際私が参加してきたものを中心に紹介していくことにします。ライブラリアンとしてのスキルを磨いていくには、このような研修に参加していくことはとても大事なことです。

1. 日本研究・韓国研究ライブラリアン向けの研修

　日本研究ライブラリアン向けの研修としては、北米日本研究資料調整協議会の研修や、国会図書館主催の研修、また天理古典籍ワークショップなどがあります。

NCC（北米日本研究図書館資料調整協議会 :North American Coordinating Council on Japanese Library Resources）

「The Junior Japanese Studies Librarian Training Workshop」

　北米日本研究資料調整協議会主催で実施された研修としては、2012 年春にCEAL 年次会の時期に合わせて行われた The Junior Japanese Studies Librarian Training Workshop が最近のものです▶2。2012 年の研修には米国、カナダ、英国、スイス、オランダから 24 人の日本研究ライブラリアンになって数年のジュニアライブラリアンと位置づけられる研修生が参加し、2 日間にわたり、レファレンス、コレクション構築、目録製作、日本特有の資料などについて、ベテランの日本研究ライブラリアンからレクチャーを受けました。

国立国会図書館・国際文化会館・国際交流基金などが共同で行なってきた
「日本専門家ワークショップ（Japan Specialist Workshop）」

　Japan Specialist Workshop は国際文化会館と国立国会図書館が協賛で開催しているワークショップで、日本国外の日本研究者や日本研究ライブラリアンなど日本からの情報収集が必要となる専門家を対象に開催されています▶3。

　1977 年から 2012 年の 15 年の間に 13 回開催されてきたようで、当初、日本の資料を扱う日本情報専門家のライブラリアンが対象だったのが、2011 年以降、「日本専門家ワークショップ」となり、日本研究者も対象とするものになったようです。

　私はこのワークショップには参加していませんが、2012 年のワークショップの内容の資料によると、ワークショップでは基本的調査ツール紹介や、和古書・政治史料など、フォーマット毎による、資料の紹介や、調査の方法が扱われたようです▶4。

　2011 年のワークショップでは、社会科学、法律、経済、社会、政治、行政などの分野毎の調査ツールの紹介と実習があったようです▶5。

国立国会図書館「海外日本研究司書研修」

　国立国会図書館は「海外日本研究司書研修」を 2016 年に開催し、この研修には私も参加しました▶6。

　研修の半分ほどは国立国会図書館関西館で行われ、国会図書館の資料やサービスの利用方法が扱われました。残り半分は関西圏内の日本研究に有用な資料を扱う図書館や資料館（国際交流基金関西国際センター、天理大学図書館、マンガミュージアム、国際日本文化研究センター）を訪問しました。

天理古典籍ワークショップ

　古典籍分野の研修では、2007 年に始まった天理古典籍ワークショップがあり、私も 2013 年夏に参加しました▶7。この研修には欧米の図書館・美術館から日本研究司書が、多くの古典籍所蔵でも有名な天理大学附属天理図書館に集まり、古典籍収集・整理に必要な知識を学びます。研修では天理大学の日本古典文学の教員の方々が、日本古典書誌学全般を、天理大学図書館の職員の方々が古典籍の修復や目録のとり方を教えて下さいました。また天理大学図書館学の教員の方は、古典籍の整理に役立つデジタル資料やデータベースの紹介して下さいました。

　前職では韓国研究の担当も兼任していたため、海外韓国研究司書の研修にも参加しました。

韓国国立中央図書館・韓国国際交流財団共催
「Workshop for Overseas Korean Librarians」

　韓国国立中央図書館（National Library of Korea）と 韓国国際交流財団（Korea Foundation）で 2005 年 か ら 共 催 し て い る Workshop for Overseas Korean Librarians に 2009 年 に 参 加 し ま し た▶8。こ れ ま で、2005、2006、2007、2009、2012、2014 年に開催されて来たようです。

　期間は 2009 年 10 月 18 日から 25 日までの 1 週間で、主に韓国国立図書館を会場に韓国資料の歴史や特徴を扱うレクチャーとソウル内の大学図書館な

どの見学も含む研修でした。7カ国（米国、ロシア、香港、日本、フランス、英国、ニュージーランド）から 11 人の韓国研究を担当するライブラリアンが招聘されました。参加するには開催の数ヶ月前に願書を出します。研修費、ソウルでの滞在費、それから食事も提供されます。私は日本での休暇と合わせて、日本と韓国間の旅費は図書館の出張費でカバーしました。

　ワークショップの講義では、朝鮮時代の終わり 18 〜 19 世紀頃に西洋人が記録した韓国のこと、韓国の古い出版物の紙や製本について（中国や日本の本との違い）、ローマ字化の方法、海外からも利用可能なオンライン資料について学びました。それから、韓国国際交流財団からは彼らの取り組みやプログラムについても紹介されました。また韓国研究をする上で重要になってくる以下の機関にも訪問しました。

・韓国国立中央図書館　（http://www.nl.go.kr/nlmulti/index.php?lang_mode=e）
・国立デジタル図書館　（http://foreign.dibrary.net/main.do?lang=en_US）
・韓国教育学術情報院韓國教育學術情報（http://english.keris.or.kr/es_main/index.jsp）
・国立国語院（http://www.korean.go.kr/eng/index.jsp）
・延世大学校中央図書館（http://library.yonsei.ac.kr/main/main.do?sLang=en）

　この研修には丁度新しい仕事に就いて、日本と韓国のコレクションの構築やレファレンスの仕事を手探りで行っていたときに参加したもので、韓国研究司書として知っておくべき知識を系統立てて教えて頂いたこと、それから、韓国のライブラリアン及び同じように海外で韓国研究をサポートしているライブラリアンとのネットワークもできて大変励みになる研修となりました。ここで知り合った方々とは今も連絡を取り合っていて、学会や出張で同じ都市にいる機会があれば必ず会って近況報告会をすることにしています。

2. 職能を越えて受講できるリーダーシップ研修

　ここまで、学問領域専門の研修について紹介してきましたが、次に職能を超えて受講できるリーダーシップ研修について紹介します。

Minnesota Institute for Early Career Librarians from Traditionally Underrepresented Groups（ミネソタ・インスティチュート）

　ミネソタ・インスティチュート▶9 はキャリア 3 年以内の民族・人種的マイノリティグループに属するアカデミック・ライブラリアンを対象にしたリーダーシップ研修です。2 年に 1 度行われる 1 週間の研修は ACRL とミネソタ大学図書館の協賛で開催され、北米から 24 人の参加者が選ばれます。

　応募条件は、アカデミック・ライブラリアンになって 3 年以内で、ALA 認定校から MLIS の学位を得ていること、米国かカナダの市民か永住権保持者で米国人口調査が指定する民族・人種的マイノリティのグループであること、今後学術図書館でリーダーシップをとっていくつもりであること、そして所属大学から 1,000 ドル（およそ 10 万円）の参加費がサポートしてもらえることです。応募にはアカデミック・ライブラリアンとしての意気込みと、なぜリーダーシップのトレーニングが必要なのかを説明した申請書が必要となります。

　私は幸運なことに、2012 年にこの研修に参加できました。研修の内容は以下の通りです。

- ・コミュニケーションスキル
- ・性格分析
- ・出版スキル（文法からどこに出版するかまで）
- ・プロジェクトマネジメント
- ・チームワーク

この研修の利点は研修内容はもちろんのこと、講師である米国図書館界の
リーダーたちと知り合えること、また未来のリーダーになる参加者に出逢え
ることです。講師陣はARLで10年務めたあと、リーダーシップ研修を行う
コンサルタント会社を立ち上げたディエタ・ジョーンズ▶10 とACRLでコン
サルタントと研修を担当しているキャスリン・ディアスをはじめ、ミネソタ
大学図書館の副館長、図書館界の出版の第一人者などです。また1998年か
ら始まったこの研修の過去の数多くの参加者たちと交流できることも利点の
1つです。

　参加者は、サブジェクト・ライブラリアン、カタロガー、インストラクショ
ン・ライブラリアン、ライセンス・ライブラリアン、アーキビスト、などと
多様でした。普段の仕事では、アジア研究や歴史学など、分野が近い文系の
サブジェクト・ライブラリアンと仕事をすることはありますが、この時、参
加者のなかにいた、医学ライブラリアンや、生物学ライブラリアンとは、普
段関わりようのない分野で働いているため、彼らの仕事の話や、アイディア
を聞くことができたのは有意義でした。
　例えば、私のような文系担当のライブラリアンは、インストラクションを
行うときも、20人程度の比較的小さなクラスが相手なのですが、理系のラ
イブラリアンたちはいつも100人200人を相手にしているそうです。その様
に大きなクラスを教えるとき、例えば、授業後、生徒の理解度をどのように
評価するのか、担当教員は何人くらいいるのか、どんな学会に参加するのか、
理系の資料は文系以上に電子化が進んでいるが、レファレンスはオンライン
が多いのか、などと質問は尽きませんでした。

　研修中、参加者たちは2人1部屋で、ミネソタ大学が提供してくれる宿舎
に寝泊まりします。私のルームメートはカナダの大学に勤める理系で韓国系
のサブジェクト・ライブラリアンでしたが、仕事の話から、民族の話、日韓
関係、人生目標まで毎日夜遅くまで話しこみました。良い思い出です。最終

日にいたっては、未明まで話し合いが続き、彼女と私は1年間の目標を約束しあったのでした。彼女は毎週1冊本を読むと決め、私はキャリアアップのために転職先を探すと決めました。

　私が現在の仕事の面接が決まったときには、私と面接の練習をしてくれました。私は彼女の読書リストに加えてもらおうと、日本人作家の作品の英語翻訳を送ったりしました。私たちは今でも時々、メールや電話をしながら切磋琢磨する間柄です。

　ミネソタ・インスティチュートで得た別の仲間では、その後、共著で本や論文を書いたり、学会発表をすることになった2人がいます。研修中のある朝、宿舎から研修場に向かう道中、移民二世の2人に、こんな質問をしました。「マイノリティの親世代は、どうも子供たちにアメリカンドリームを追って欲しいと思っているよね。例えば、医者や弁護士やエンジニアなどといった職について欲しいと。2人はライブラリアンになると決めた時、親の反応はどうだった?」と。そんな話をしたとき、いつか一緒にマイノリティライブラリアンをテーマにした論文を書こう、と約束しました。

図2　Edited by Nicole Pagowsky & Miriam Rigby
出版社：ACRL
ISBN13: 978-0-8389-8704

共著者と出版記念パーティーにて

　それから、数ヶ月後のこと、Librarian Wordrobe ▶11 というライブラリアンのイメージをテーマにしたブログが、ライブラリアンのイメージやアイデンティティをテーマにした本の原稿を募集すると発表しました。私たちは、マイノリティのライブラリアンが学術図書館で何を感じながら働いているかをテーマに1章を担当しました。The Librarian Stereotype: Deconstructing

Presentations and Perceptions of Information Work というこの本（図 2）は ACRL 出版から 2014 年に出版されました▶12（ライブラリアンと執筆については、次の章で詳しく説明します）。

ARL Digital Scholarship Institute（ARL デジタル・スカラーシップ研修）

　2017 年 6 月に ARL の主催で行われた 5 日間のデジタル・スカラーシップ研修▶13 では、全米の ARL 会員の学術図書館から 27 名のライブラリアンが集まり、デジタル・スカラーシップの意味から、図書館がテクノロジーを利用した研究方法をどうサポートすべきか、どのようなツールが存在しており、どのように使うのか、デジタル・スカラーシップをどう教授法に取り入れるのかなど濃い内容の研修となりました。ツールは、テキスト分析ができる Voyant▶14 や、地図分析・作成に役立つ CARTO▶15 などを実際の課題を通して学びました。米国においても図書館でのデジタル・スカラーシップのサポートはまだ発展途上で、この研修も私の参加した会が初めての開催でしたが、参加者全員サポートへの意気込みもデジタル・スカラーシップへの知識も豊富で、ますます図書館からのデジタル研究の推進や支援が進みそうです。

Digital Humanities Summer Institute（デジタル・ヒューマニティーズ・サマー・インスティチュート）

　2001 年からカナダのビクトリア大学で毎年 6 月に 2 週間開催されています。各コースは 1 週間で、2017 年は 70 コース（http://dhsi.org/courses.php）が提供されたようです。コースの内容は Java や XML などテクニカルで研究に役立ちそうなものから、管理職のためのデジタル・ヒューマニティーズなど、図書館や研究機関でデジタル・ヒューマニティーズをサポートする管理職向けの講習、またデジタル・ヒューマニティーズ教授法、といったデジタル・ヒューマニティーズを授業に取り入れたい参加者向けの講座も用意されています。2015 年には私も参加し SQL（プログラム言語）の研修を受けました。

Emerging Leaders Program（新生リーダシッププログラム）

この研修は ALA の主催する、リーダシップ育成プログラムで、若手のライブラリアンを対象に、問題解決、ネットワーク、ALA 内部理解、などをテーマにトレーニングが行われるものです。プログラムは、ALA の冬の大会での1日の研修からスタートし、その後6ヶ月間のオンラインを通したトレーニングが行われ、翌年の ALA 年次会での参加者によるトレーニング成果のポスター発表をもって終了します。

ALA Leadership Institute（ALA リーダーシップ・インスティチュート）

この研修は5年以上ライブラリー経験のあるライブラリアンを対象にしたリーダーシップ研修で、対象は公共図書館、学術図書館、学校図書館、スペシャル図書館で働くライブラリアンで、MLS を保持し、ALA の会員で、マネジメント職につく準備のある者が応募できます。2013 年の研修には北米から 35 人が選ばれたようです▶16。研修内容は、良きリーダー、協力者、トレーナーになることにフォーカスしており、ALA 会長のモリーン・サリバンと ACRL のキャスリン・ディアスが講師を務めたようです。

3. その他の研修・トレーニングプログラム

たいてい大きな機関のライブラリーには研修専門家が配属されており、館内でさまざまなワークショップやトレーニングを準備してくれています。ワシントン大学にも Organization and Development Training という部署があり、スタッフ研修のためのトレーニングプログラムやプログラムを受講するためのファンディング情報、スタッフ表彰制度（スタッフ同士で素晴らしい仕事をした同僚を評価する制度。同僚からこの評価が人事に報告されると、その度にトークンが送られてくるのだが、それを3枚集めるとスターバックスのコーヒーカードがもらえるというシステム。図3）、などを行っています。この部署が、ライブラリアンに有用なウェビナーを斡旋してくれたり、ライブラリアンが参加するワークショッ

プや研修に対する奨学金を提供しています。また、ライブラリアン昇級審査（第5章参照）に向けて査定文書の書き方講座などのワークショップを開催してくれます。時には「ブラウン・バッグ」（サンドイッチなど昼食を買うとたいていこのブラウン色の紙袋に入れてもらうことから、ランチブレイクに昼食を食べながら話が聞けるイベントをこのように呼ぶ）の講習会も開催されます。

また今年からGOLD Program（Growth, Opportunity, Learning, Development program）という8ヶ月のキャリアデベロップメントト

図3　Peer to Peer Recognition Program でもらったスターバックスカードと館長からのカード

レーニングが導入されました。内容は、チームワークや、多様化する職場環境での働き方、タイムマネジメント、などで、ワシントン大学図書館のライブラリアンとスタッフを対象にした少人数制の研修です。応募には上司からの推薦状と、研修を受けることがどのように自分のキャリアや図書館の発展に役立つのかを書いたエッセイが求められました。私も応募し、参加しました。

　この8ヶ月のプログラムでは、こころの知能指数（EQ）、自分の強みを知り活かす方法、時間管理、協力関係の作り方、難しい会話の方法、戦略的思考の方法、などをテーマに毎月1度丸1日のワークショップが開催されました。参加者はワシントン大学にある3つのキャンパスのライブラリアンとライブラリースタッフの中から14名が選ばれ、半分程度の参加者はキャンパスや部門が遠く、このプログラムに参加しなければ、会う機会もなく、こう

図4　OCLC の webjunction
http://www.webjunction.org/find-training.html

した参加者と知り合えたことも意義あるものでした。また自分が図書館組織のどこに位置しており、どのようなミッションを持っているのかも明確になるものでした。

この他、地域のコンソーシアムやベンダー、図書館アソーシエーションもさまざまな研修やワークショップやトレーニングを提供していますが、その数は非常に多く、情報を得るのは至難の業です。OCLC の webjunction（http://www.webjunction.org/find-training.html）はそんな研修情報をひとところに集めた便利なサイトで利用しています（図4）。

▶**注**

[1]　http://guides.lib.washington.edu/japanesecollection
[2]　http://guides.nccjapan.org/content.php?pid=425233&sid=3477630
[3]　http://www.ndl.go.jp/en/publication/ndl_newsletter/173/739-1.html
[4]　http://www.ndl.go.jp/jp/library/training/material/1194249_1486.html
[5]　http://www.ndl.go.jp/jp/library/training/material/1191503_1486.html
[6]　http://www.ndl.go.jp/jp/library/training/guide/1211059_1485.html
[7]　http://www.tenri-u.ac.jp/topics/q3tncs000007poni.html
[8]　http://www.nl.go.kr/inkslib/eng/index.php?url=/workshops
[9]　https://www.lib.umn.edu/sed/institute
[10]　http://www.deettajones.com/
[11]　http://librarianwardrobe.com/
[12]　http://www.alastore.ala.org/detail.aspx?ID=11057
[13]　http://www.arl.org/focus-areas/scholarly-communication/digital-scholarship/arl-digital-scholarship-institute
[14]　http://voyant-tools.org/
[15]　https://carto.com/
[16]　http://www.ala.org/transforminglibraries/2013-selected-participants

キャリアステップを知る

　この章では、ライブラリアンの等級の仕組み、キャリアアップの方法、評価のされ方、キャリアアップのサポーター、についてご紹介します。

1. ライブラリアンの査定・昇級

ライブラリアンの等級の仕組み

　ライブラリアンの等級は採用時に決まります。これは採用が決まったときに交渉することも可能です。初めてライブラリアンとして就職したワシントン大学セントルイス図書館では、ライブラリアンの立場は、教員ではなく大学職員の扱いで、終身雇用（テニュア）になることはなく、1年ごとの再雇用契約制を取っていました。

　ワシントン大学セントルイス図書館では、ライブラリアンの等級はまず、部下を管理・監督する（Supervising）任務があるかないかで、

- ・Garde10（部下を管理・監督する任務はない）
- ・Grade11（部下を管理・監督する任務がある）

に分かれます。それぞれのグレードのなかで、ランク1（新任）、2（全員が達成すると期待されるランク）、3（最上位）と3段階をあがっていく仕組みになっています。ライブラリアンにはこの3段階毎に、それぞれ以下のような能力や達成事項が期待されていました（表1）。

表1　ワシントン大学セントルイス図書館の、
　　　ライブラリアンの期待されること一覧

	ランク1（新任）	ランク2（全員達成）	ランク3（最上位）
独立のレベル （指導が必要か）	最低限の指導は必要。	指導はほぼ不要、独立・率先して働くことができる。	独立して幅広い責任を達成できる。
仕事のスキルとパフォーマンス	仕事や新しいスキルを得るための研修に務めている。	部や課や図書館のために対策を講じる。	図書館全体のための対策を率先する。
個人としての貢献	部、課、図書館の活動に積極的に参加する。	部、課、図書館の目的の設定や達成に積極的に貢献する。	部、課、図書館の目的の設定や達成に先回りして貢献する。
率先・問題解決能力	職場に役立つ提案ができる。	独創的に問題を解決する。	革新的な貢献のためにリスクを冒すことができる。
チームワーク	部、課、図書館の目的を達成するためのグループ活動に建設的に参加をする。	リーダシップ役を買って出る。	専門知識について同僚や利用者から評価を受けている。
コミュニケーションや対人スキル	口頭及び文書で効果的なコミュニケーションを取ることができる。	個人ともグループとも明確に効果的にまた簡潔に考えを受け答えすることができる。	異なるスタイルや意見があるときにも尊敬と気配りを持って交渉をすることができる。
専門的能力の開発	機関内、オンライン、地域もしくは国内の専門的能力開発のための活動に参加する。	専門能力開発活動への積極的な参加と貢献。	専門的能力開発活動への大きな貢献とリーダーシップがある。

ランク査定・昇級の流れ

　私のポジションでは、学生アシスタントの指導はしていましたが、正規職員の部下を管理・監督する立場になかったので、私はGrade10のカテゴリーのなかで、ランク1の新任ライブラリアンとしてキャリアをスタートさせることになりました。最初は1ヶ月後、3ヶ月後、半年後、その後は毎年査定がありました。どれも次の査定タイミングまでの目標を決めて、達成しているかどうかを評価するものでした。

　余談ですが、新しい仕事についた日をAniversary Dayと言い、ワシントン大学セントルイスでは、この日が1年毎の審査のタイミングとなっています。2年目以降はこのAnniversary Dayのタイミングで1年毎の審査が行われます。

　ちなみに、セントルイスに居る頃はこの Aniversary Day に、私は上司と親しく働いていた同僚を自宅に食事に招いて、彼らへの感謝の日としていました。周りの同僚によっては、休暇を取得して、ゆっくり家で過ごす人、全く普段と変わらずに過ごす人など、とらえ方はさまざまでした。現在の職場であるワシントン大学に移った最初の年の Aniversary Day（就任して1年目の日）には、同僚たちがサプライズ会を開いてお祝いしてくれました。

　さて、ワシントン大学セントルイスの場合、ランク2から3への昇級までには最低3年空けなくてはなりませんが、ランク1から2への昇級は、雇用後2年経つと申請することになっていました。

　流れとしては、まず上司に、昇級申請の希望を出します。ここで、上司が昇給の準備があると判断し許可を出すと、ライブラリアンは以下の書類を用意することになります。

（1）達成事項とそれらが図書館にもたらす短期的・長期的効果についてのエッセイ。
（2）最新の履歴書。
（3）直近3年分の上司から受けた年次査定書類。
（4）上記期間の自己査定（上司に毎年提出するもの）。

　これらを上司に提出し、上司は推薦状と共にプロモーション審査委員会（Promotion Review Group）に提出します。プロモーション審査委員会とは、ライブラリアン数人で構成される委員会で、毎年構成員が変わります。審査に応募してくるライブラリアンたちの書類を検討し、グループ内で昇級の合意が出ると図書館長の協議会（Dean's Council）へ推薦します。その後その協議会で最終決議がなされ、ライブラリアンに返事が来る仕組みです。昇級申請から結果報告までは約4ヶ月程です。

　ランク1から2へ昇級した際に提出した書類では、上記に挙げた（1）について、以下のように書きました。

表2　2011年11月にワシントン大学セントルイス図書館に申請した、
「(1) 達成事項とそれらが図書館にもたらす短期的・長期的効果についてのエッセイ」

Statement of impact of activities		
活動内容	内容	図書館への効果・貢献
執筆		
"The Korean Collection at Washington University in St. Louis." Trends in Overseas Korean Studies Libraries, June, 2010, 1-28	http://www.nl.go.kr/inkslib/index.php?url=/fore_move/view/402	出版物を書く活動は教授陣が通る苦労や経験を疑似体験する機会となり、なかでも図書館資料の使い勝手や、編集人とのやり取りなど、彼らと共感する事項が増えた。
"米国の図書館就職事情" カレントアウェアネス, 2011年3月, 7-10	http://current.ndl.go.jp/ca1737	
図書館指導		
JapanKnowledge ワークショップの開催。	JapanKnowledge の担当者を招き、利用者向けに使い方講座の開催。	利用者から反応は良く、その後の図書館講習やレファレンスで JapanKnowledge を取り上げた際にも、すでに使い方の理解が浸透していた。
Writing 1（新入生必須のライティングとリサーチ方法の授業。講師とライブラリアンでチームティーチングする）。	講師と協力し、図書館指導、レファレンス対応をした。学生のフィードバックやコメントについては講師と共有した。	指導後のフィードバックはとても良かった。学生たちは、リサーチに関して質問のあるときにライブラリアンに話に行けば良いこと、図書館にある資料の探し方、良い資料・悪い資料の判断のつけかたを習得した。講師もこの結果に満足した。
韓国研究や日本研究の授業での図書館講習。	15分の短いものから、50分の長い講習まで、内容も学期の頭に行う初心者向けのものから、図書館で参考資料を案内するセッションまで、授業を担当する教授のリクエストに応じてカスタマイズした。	各講習の後の小テスト、もしくは短いアンケートで学んだことを確認した。多くの学生が図書館やライブラリアンから得られるサポートについて理解したようだ。教授陣もこの結果に満足している。
コレクションデベロップメント		
重複・不要本の処理。	着任時にあった1,000冊の寄贈書に関して、200冊を他機関に寄贈したり売却し、100冊を蔵書に加えた。残りは公共図書館に寄贈する予定である。	1,000冊が片付き、新しい蔵書を加えるスペースができた。整理のプロセスを通して、この図書館のコレクションの特徴やポリシーを理解することができた。

活動内容	内容	図書館への効果・貢献
コレクションデベロップメント		
寄付金への応募	韓国国際交流財団の韓国研究資料支援のプログラムに応募し169冊の寄贈を受けた。その他応募した日本財団の"100 Books for Understanding Contemporary Japan"のプログラムからは34冊、東北亜歴史財団から16冊、NCCの多巻セットプロジェクトから85冊（の多巻セット購入費の援助金）の寄贈を受けた。また、韓国国立中央図書館を訪問した際には、彼らの重複書を見せてもらい、そのなかから17冊を寄贈してもらった。韓国国際交流財団から2010年度には3,800ドル、2011年には4,315ドルの寄金を受け韓国語のデータベースの購読に充てた。	ワシントン大学の韓国語のコレクションは私が着任した年に本格化した。基本的な参考図書や研究書が必要とされていたが予算は限られていた。そんななか、寄贈や寄付はコレクションを立ち上げるのに役に立った。日本研究コレクションも十分な予算があったわけではなく、多くの教授たちが資料を求めて国内外の機関に出向いていた。多巻セットプロジェクトを通じて2人の教授が頻繁に使う資料の購入が可能となった。
アーカイブ資料の整理	故 Nelson Wu と 故 Thomas Hoopes からの寄贈資料について、新聞の切り抜き、手紙などといった122のアイテムに、ファインディングエイド▶1を付与しアジア図書館のサイトに掲載した。	これらの貴重で珍しい資料がオンラインで発見されるようになった。このことで日本研究学科の仕事の志願者や一般の研究者の呼び込みが期待できる。
予算管理		
定期刊行物送料削減(年間$700-1000相当)	定期刊行物の送料を削減すべく、それまで刊行次第送ってもらっていた刊行物を週に1度の発送に変更してもらった。このことで年間700-1000ドルの送料削減が叶った。同時に、英語の韓国物は、英語資料が置かれる中央館に、日本語のものは、東アジア図書館に送付してもらうようにした。	送料の削減分を新たに5タイトルの雑誌の購読に充てることが可能になった。丁度、定期刊行物予算の削減が言い渡され、いくつかの雑誌購読をキャンセルした直後だったので教員たちからの満足度が大きかった。また、言語毎の雑誌の配送が可能になり、本館及びアジア図書館での仕分けの作業が不要となった。
委員会の仕事（学内）		
図書館講習・アカデミックリエゾン委員会	図書館OPAC内の記事検索のページのデザインの改良、「リサーチの仕方」のページを作成、見つけにくいページを新しい図書館のサイトに移動させた。	記事検索が簡単になった。「リサーチの仕方」のページはワシントン大学図書館でリサーチをする利用者、特に大学生と大学院生がリサーチを始めるのに有用になった。

活動内容	内容	図書館への効果・貢献
委員会の仕事（学内）		
スタッフ教育アドバイザリー委員会	職員のトレーニングニーズの聞き取りを行った。各部署のオープンハウスを開くことにした。	トレーニングニーズの聞き取りにより、職員たちのトレーニングの需要を知ることができ、今後のワークショップや講演の計画をすることができた。オープンハウスは他部署の仕事の内容や流れを知る機会となり人気だ。他部署とのコミュニケーションを深める役にも立った。
カタロガー運営委員会	この委員会は2ヶ月に1度のカタロガーの会議を運営する（各回のトピックやスピーカーを決める）。	Web 2.0 や、未来の目録制作、電子図書の目録制作、医学部図書館ツアーなど、委員会で計画した会議内容はカタロガーたちの知識を深めるのに役だった。
新入生オリエンテーション実行委員会	オリエンテーションの日取り、スタッフィング、食べ物のアレンジ、招待状作り、デコレーション、賞品、などイベントの計画全般	イベント参加者のフィードバックは、参加して図書館についてよくわかった、サブジェクト・ライブラリアンと知り合えた、テクノロジーへの理解が深まった、などポジティブだった。
ホリデーパーティー実行委員会	ポットラックスタイルのホリデーパーティーの計画と実施	持ち寄った食べ物やゲームを通し職員の交流がはかれた。準備過程の文書化は次年度以降の計画に役立つだろう。
委員会の仕事（学外）		
NCC 多巻セットプロジェクト委員会	北米日本研究資料調整協議会内の委員会で3年の任期。日米友好基金からサポートを受けている多巻セットプロジェクトの申請者から授与者を決定する。その他、プログラムのポリシーの見直しも行う。	申請書を読む作業を通して、良い申請書とはどうあるべきか学ぶ機会となった。
NCC 共同コレクション構築ワーキンググループ	北米内で無駄な重複が出ないよう全米及びカナダの50あまりの日本コレクションをまとめるグループ。	機関相互貸出が可能な昨今、北米内のコレクション全体を見ることが大切である。また他機関のコレクションの傾向を理解し、自館で必要なものにまず予算、人件費、スペースを回すことが可能になる。

176

活動内容	内容	図書館への効果・貢献
その他		
新入生リーディングプログラム（新学期が始まる直前に学部生新入生が受けるリーディングとディスカッションのプログラム）	リーディングプログラムの実施委員会に協力し、プログラム向けリサーチガイドの作成と関連資料の図書館展示（その年の課題図書は第二次大戦中の日系人に関するものだったので、当時西海岸よりワシントン大学に逃れて来、在籍した日系人関係アーカイブ資料を展示）を担当。	学問領域の専門知識と日系新聞でのインターンの経験を活かして、プログラムに役立つ資料を掲載したリサーチガイドを作成できた。ここで作成したガイドページが翌年以降のリーディングプログラムのガイドページのテンプレートとなった。リーディングプログラム関係の展示が図書館にあることやリサーチガイドのページがあることは、新入生にとって図書館が親しみやすいものになったはずだ。
専門知識開発		
Overseas Korean Studies Librarians Workshop in Korea（海外韓国研究図書館員向けワークショップ）への参加	韓国国際交流財団と韓国国立中央図書館が企画協賛する、韓国国外で韓国研究を担当する図書館員を対象にしたワークショップに参加。韓国の書誌史、出版の仕組みや、韓国研究のトレンドなどについて学んだ。韓国内外のライブラリアンや韓国研究関係の出版社とネットワークする機会ともなった。	ワークショップから得た知識とコネクションを通してコレクションデベロップメントがスムーズにできるようになった。ワークショップ中に行ったワシントン大学図書館の韓国研究コレクションをゼロ冊から立ち上げた経験を紹介するプレゼンテーションが注目を得て、韓国国立中央図書館が発行する韓国国外の韓国語資料をテーマにした雑誌への記事の執筆のオファーを頂いた。

ワシトン大学図書館でのテニュア（終身雇用）までの道

　さて、現在私の働くワシトン大学図書館の場合、ライブラリアンのポジションには4つのランクがあります。

　採用時点でライブラリアンとしてのキャリアが2年以下だと「アシスタント・ライブラリアン」（Assistant Librarian）、2年以上だと「シニア・アシスタント・ライブラリアン」（Senior Assistant Librarian）、6年以上だと「アソシエイト・ライブラリアン」（Associate Librarian）としての雇用となります。雇用時点の地位は暫定（Provisional）と定められ、試用期間としての3年を経て3年目の秋に審査があり、そこで継続許可（reappontment）を受けるとさらに3年間試用期間が継続されます（許可を得られない場合は、次年度に再挑戦するか、内容によっては解雇されます）。この後、就任6年目までに、終身雇用（permanent position）を

左右する査定を受けることになります。この査定を通過すれば、晴れてテニュア（終身雇用）となりますが、通過できない場合は解雇となります。

　終身雇用のためには、研究発表や出版などの成果物があること。利用者へのサービスに努めること。それから、業界の発展のために働くこと、これには図書館学会や協会に入ったり、資金を獲得して図書館をよくするプロジェクトをしたり、そういったプロジェクトについて学会・会議などで発表すること。こうしたことが大切になってきます。

　テニュアの候補者は履歴書やエッセイ、それから出版された記事や本などの成果物を提出します。また大学外の関係者からの推薦書や、大学内の上司や同僚からのレビューも考慮されます。図書館内から選出されたプロモーション審査委員会がそれらの提出物を検討した上で、館長に推薦をすることになります。その推薦がさらに、人事課や、大学のトップの事務局、評議委員会で検討されます。また、ライブラリアンが労働組合に入っている大学の場合は、館長の推薦が組合で検討されるようです。ワシントン大学のライブラリアンは労働組合に入っていません（ライブラリアンでない図書館職員は組合員）。

3年目と6年目の査定で検討される項目―職員規約（Librarian Personnel Code）

　私は、ワシントン大学に雇用された時、ライブラリアンとしてのキャリアが4年と4ヶ月だったので、シニア・アシスタント・ライブラリアンとしてのスタートとなりました。2015年の秋に3年目の査定資料を提出し、2016年6月に継続許可をもらったところです。これまでの仕事の成果を1つずつ説明、証明し、執筆した論文のサンプルなどを含めるとポートフォリオは100ページ以上になりました。

　ポートフォリオ作成は、鍛錬のいるものです。他者が読んでわかりやすいものでなくてはなりませんし、文法の間違いや表現の曖昧さも審査に大きく影響します。このため、同じ年に査定を控えた同僚たちとサポートグループを作り、締め切り前の数ヶ月間にわたって、毎週1度集まり、記入方法を確

認し合ったり、お互いのポートフォリオを読み合ったりしました。

　またこの査定の仕組みやプロセスについて、図書館内の人事課が査定ポートフォリオの書き方講座を開いてくれたり、これまで査定を通過したライブラリアンのポートフォリオが公開されているのが役に立っています。

　ライブラリー・スクールによっては、修士論文の替わりに、修士課程の間に何を学んできたか、どんな研究成果を出したか、これからのキャリアにどう役立たせるかなどをテーマに、ポートフォリオを書くことができるそうです。このような訓練は、実際にライブラリアンになった際に、3年目、6年目の査定でポートフォリオを書く上で役に立ちそうです。

　3年目と6年目の査定で検討される項目はライブラリアンに配布される職員規約（Librarian Personnel Code）に準ずることになっています。項目は、（1）期待される事項、（2）プロフェッショナル・デベロップメント、（3）大学図書館、大学、地域へのサービス貢献、になっています。各項目の内容となぜそれらが要求されるのか分析し、私の場合どのような活動をしているのか例を挙げつつ紹介していきたいと思います。

（1）期待される事項
1. 職能に関する知識をマスターしている

　ここで期待されるのは、ライブラリー・スクールを出たというだけでなく、どれだけ、最新のライブラリートレンドや、担当学問領域分野の知識を追い続けているかでしょう。図書館研修として、私の職務に関連しているのは、蔵書構築、図書館ワークショップなどのインストラクション、レファレンス、目録作成などです。これらをマスターしていることを証明するには、学会や学内及び地域の勉強会やワークショップに出掛けて勉強を続けていることを示したり、学会や学内で発表をしたり、論文などを書くことが役に立つでしょう。また担当学問領域分野の知識についても、その分野の学会や学内外の講義に出掛けたりすることで示せるはずです。

2. 図書館職員たち（同僚）や利用者と良い関係を築いている

　同僚と一緒に働き良い関係を築く機会は、委員会やイベントで一緒に働いたり、一緒にプロジェクトをしたり、はたまた、自分の知識や技術では達成できない仕事（例えば、デジタル化や本の修理など）をお願いする、また逆に、日本語の言語知識が必要となる作業（例えばILLで複雑な日本語文献のリクエストが入った時など）をお手伝いするなどさまざまあります。

　利用者と良い関係を築く機会もさまざまで、これは、レファレンスセッションで、彼らのニーズを的確に聞くことから、教授陣の授業に必要な資料を揃えておくこと、教授や学生たちがどんなプロジェクトを抱えているのか気にかけておくことなどが含まれます。

3. 職務と差し迫ったニーズにクリエイティブに対応している

　予算が急に削減になったときや、締め切りの短いプロジェクトを終わらせるなどといったときのアイデアを生み出す力や行動力が求められます。

4. 課、図書館、利用者へのサービスを向上させるための新しいプロジェクト、手順、機能を開始する能力

　私は東アジア図書館のITを担当しています。学生アシスタントも含めると総勢600人以上の大所帯である図書館のITの問題を、IT部門が一手に引き受けるには無理があるため、部門内で解決できることは各部門で解決し、できないことは本館のITに助けてもらうという仕組みになっています。プリンターが動かないとか、PDF資料をワードに変換したいなどという同僚の手伝いをし、部門の職員の仕事をスムーズにするITインフラの整備を整えるのは私の仕事です。また部門のウェブサイトやソーシャルメディアの管理も担当しています。

　また、レファレンスデスクで学問領域に特化した質問があった際、サブジェクト・ライブラリアンが不在のときに、どのような質問があったのか、またフォローアップが必要か否かなどを報告するために、以前は紙のフォームを

使っていました。そのフォームをオンライン上で管理できるように、Google Form を使ったものに置き換えました。こうすると、1 つのケースについても、複数のサブジェクトにわたる質問だった場合など、同僚のライブラリアンとの情報共有にも便利です。このようなちょっとしたプロジェクトを含めることができます。

5. 効果的な指導とコミュニケーションの能力

指導の機会は、学生アシスタントにプロジェクトの方法の指導をする、ライブラリー・ワークショップを担当する、などがあります。ライブラリー・スクールに行く前に出会ったライブラリアンに教えてもらったアドバイスの 1 つですが、ライブラリアンとして重要なのは、自分の行動の目的を明確に決めておくことだと教えて頂いたことがありました。

学生のアシスタントとコミュニケートするときも、ワークショップを行うときも、このことを念頭に置くようにし、アシスタントには、作業の詳細よりも、プロジェクトの目的を話すようにしています。その目的が達成できるのならば、方法は任せた方が良いし、実際能力のあるアシスタントに恵まれたせいか、その方法がうまく行っています。

また、ワークショップを教える場合でも、最初にそのセッションの目的を伝えることが大切だと思っています。そのセッションで何を学んで欲しいか、そのセッションの最後に何ができるようになっているのか、そのようなことをセッションの冒頭で伝えるようにしています。

6. 報告や分析の能力

報告の機会といえば、上司に自分の仕事の進捗状況を伝えたり、プロジェクトの結果などを同僚たちに報告するなどといったことがあります。分析の機会はデーターベースなどのアクセスや資料の使われ方のデータを分析したり、利用者やイベント参加者のアンケート結果を分析したり、自分の仕事の善し悪しを考える作業は日々必要になります。

7. 課や図書館全体のポリシーの作成に効果的に参加している

東アジア図書館の貴重書室の利用についてのポリシーの作成に参加しています。例えば何を貴重書とし、貴重書室に置くのか、館内の誰がその部屋に入ることができるのか、また利用の方法についても、コピーや写真のポリシーはどうするのか、などを決めたりします。

ダイバーシティ委員会では、図書館が求人を出す時のダイバーシティポリシーの文言について整理し提案しました。

8. 課内のリーダーシップ、計画力、指導力などを含むマネジメントの能力

マネジメント能力で一番重要なのは優先順位をつけることだと思います。サブジェクト・ライブラリアンにとって、まず優先させなくてはならないのは、利用者です。私たちはレファレンスデスクに座ることはほとんどありませんが（週に1時間貸出カウンターをヘルプする時間はあります）オフィスにいる間は、いつでもレファレンスを受け付けています。教授や学生は研究や試験やレポートの締め切りがあるので、彼らの質問には、できるだけ早く答えるようにしています。その他、どの仕事でもやろうと思ったらきりはありません。改善したいことは山ほどあります。同時に、達成されるのを待っているプロジェクトもたくさんあります。そのなかで、締め切りのあるもの、相手のあるもの、などを優先させるべきだと思って取り組んでいます。締め切りで多いのは、グラントなどの申し込みです。その他、同僚から意見を求められたり、決定事項を待ってもらっている場合など、なるべく早く行動したいと思っています。

9. 専門分野におけるスキルや知識の習得へのコミットメント

専門分野におけるスキルや知識の習得へコミットするには、先程も述べた通り、学会や勉強会に出掛けたり、研究発表をして成長し続けていることが重要でしょう。サブジェクト・ライブラリアンが参加できる研修については

第4章を参照して下さい。

（2）プロフェッショナル・デベロップメント

　プロフェッショナル・デベロップメントとは、職業スキルを伸ばし開発し
ていくことです。ライブラリアンにもプロフェッショナル・デベロップメン
トへのコミットメントが求められます。ポジションや興味、キャリアゴール
にもよりますが、関係する学会への参加、研究や出版で成果を出すこと、教
育や研修に参加すること、また創作やサービスなどの活動をすることが期待
されています。そうした活動はそれぞれのライブラリアンのプロフェッショ
ナル活動を強化するものでなくてはならなりません。そうした活動の例が次
のリストの通り挙げられています。

- ローカル、州、地域、全国、もしくは国際的な学会や専門組織への参加。
- ライブラリアンシップやその他学問領域で学術的でライブラリ関係の
  出版物で成果を出すこと。
- 図書館分野への貢献。
- クリエイティブ活動。
- 研究のプロポーザル、助成金申請。
- 図書館関係の助成金審査員を務める。
- 教育や研修を受ける機会をみつける。

（3）大学図書館、大学、地域へのサービス貢献

　大学図書館、大学、地域へのサービスは、図書館職にとって重要な要素で
す。貢献の例として以下の項目を含んでいます。

- 大学図書館の委員会やタスクフォース、またワシントン大学図書館員
  連合（Association of Librarians of the University of Washington）での生産的な貢献
  活動。

- 大学図書館や図書館界の地位の向上に貢献するような大学内の活動（委員会、評議会、タスクフォース、組織、教育活動など）への活発な参加。例えば、学科、学部、大学レベルのカリキュラムの改定、学習教育現場におけるテクノロジーの統合、など。
- 学生活動の支援（特に大学図書館や図書館界の地位を向上させるもの）例えば、学生による出版物のアドバイザーを務めるとか、ライブラリアンになりたい学生へのメンタープログラムに参加するなど。
- 学術界へのサービスで大学図書館や大学の地位を向上させる活動。例えば、・美術館や歴史協会の理事会活動、図書館関係の話題で発表をすること、図書館界の分野で専門的アドバイスをする活動など。
- 地域へのサービスで大学図書館や大学の地位を向上させる活動。地域の図書館の理事会活動や識字教育のボランティア活動など。

2. テニュア（終身雇用）のライブラリアンに必要な研究・発表

出版と学会発表が評価の対象になる

　大学によってシステムや重きはまちまちですが、テニュアトラックのライブラリアンは特に、出版物を出すことや学会での発表が業務評価の対象になり、テニュア審査でも評価に換算されます。図書館情報学関係の雑誌記事の著者の内訳の変化を調査した研究▶2によると、ライブラリアンの著者の数は1962年から2011年までに52％から31％まで落ち込んでしまったようですが、ある一定数の図書館情報学関係の雑誌記事、特に理論より実践に関するものは未だライブラリアンたちによって書かれているようです▶3。

　ワシントン大学の場合は、暫定的（provisional）に採用されたライブラリアンは査定の後、終身雇用（permenent）に移ることができると説明してきましたが、2004年に行われたアンケートによると、ワシントン大学図書館では終身雇用になった後でも63％のライブラリアン▶4が過去5年で学会発表や査定ジャーナルへの寄稿をしていたといいます。査定に関係なく出版活動を

続けるライブラリアンが多くいるようです。

（1）ワシントン大学におけるライブラリアンの出版活動へのサポート

ワシントン大学におけるライブラリアンの出版活動へのサポートについては、ワシントン大学の同僚たちが An Introduction to Staff Development In Academic Libraries ▶5 という本の第5章にうまくまとめていました。

1. 1年以上勤務したら年間で最大 240 時間まで研究に費やせる

2004 年にワシントン大学図書館で行った先程のアンケートで、ライブラリアンがリサーチを行う上で問題になる点についても問われました。そのなかで多かったのは、研究手法やデータ分析方法に困難を感じるというものが 70% 以上でした。さらに、89% が研究時間の不足を挙げていました。この結果を受けて、図書館側はまず、もともと設置はされていた「タイム・グラント・プログラム（Time Grant Program）」の利用を促すことにしたようです。タイム・グラント・プログラムとは、1年以上勤務した職員なら誰でも年間で最大 240 時間まで研究に費やす時間の申請ができるというものです。この時間は有給で、毎年申請することができます。研究時間の申請をすると、成果として論文や学会発表などの提出が求められますが、オフィスを離れているこの時間に図書館のサービスに支障が出ないように、館内のワークフローの分配も工面してくれるので安心です。

年間 240 時間までと言うと、1日の就業時間が8時間ですので、最高で連続 30 日間でも、週に1日を 30 週間リサーチデーにするといった方法でも取得することができます。もちろん1日に数時間を長期にわたって取得することも可能です。私はこのタイム・グラント・プログラムを利用して 2014 年の夏に1ヶ月日本に滞在し、書き物に集中することができ、別の論文の調査と同時に、この本の原稿も半分ぐらいまで書き上げることができました。その他、学生からの問い合わせや会議の少ない金曜日はカレンダーをブロックして、まとまった時間の必要なプロジェクトや書き物、リサーチに充てさせ

てもらっています。

2. 7年以上勤続すると最長1年間のプロフェッショナル・リーブ（Professional Leave）が取得できる

　タイム・グラント・プログラムに加えて、7年以上の勤続者は、7年毎に、最長1年間の「プロフェッショナル・リーブ（Professional Leave）」を取得することもできます。ライブラリアンとしてのスキルアップやプロフェッショナル・デベロップメントの機会として使うようになっており、同僚のなかには本を執筆したり、博士課程の最終段階で1年休暇を取って博士論文の執筆に勤しむものもいるようです。ライブラリアンがファカルティステータスの機関では、1年の勤務形態が9ヶ月から10ヶ月のこともあるようで、1年に2ヶ月はリサーチや出版に時間を使うことができるそうです。

3. その他のサポート

　ライブラリアンの出版活動へのサポートについて話を戻しましょう。ワシントン大学図書館ではリサーチのための休暇の他に、過去には研究課題構築や研究のアイディアを考えるためのサポートがいくつかあったようです。「Forming the Question Workshop（研究課題構築方法のためのワークショップ）」では、ライブリアンたちが自身のリサーチをどうスタートさせ発展させたのかを発表の場が設けられたようでした。また、図書館情報学科（iSchool）と合同で行われた半日のワークショップでは、日ごろの仕事での思いやフラストレーションからプロジェクトやリサーチクエスチョンを考える作業を行っていたそうです。UW Librarians Present というイベントは、学会発表前のポスターを図書館とライブラリー・スクールからのゲストの前で発表するという試みだったそうで、研究発表の良い練習の場になったようです。また、Human Subjects Division Presentation では、アンケートなどが含まれるリサーチでは必ず必要になる、研究倫理審査委員会へのリサーチ許可書の申請（IRB : Institutional Review Board）について説明会がなされたとのことでした。

過去8年に私が書いたもの

　私はライブラリアンになってからの過去8年に3本の論文と本の1章を書きました。現在はこの本を執筆中で、共著の査読論文と本の1章の出版が決まったところです。私がライブラリアンになってから初めて書いた記事の依頼は、韓国の国立中央図書館からやってきました。2009年の秋に、韓国国外の図書館で韓国研究を支援するライブラリアンを対象にした前述のワークショップに参加した際に、米国の図書館で韓国語の蔵書を担当している経験を発表して欲しいというお誘いがあり発表させて頂いたところ、後日その内容で記事を書いて欲しいと依頼されたのでした。掲載されたのは Trends in Overseas Korean Studies Libraries という国立中央図書館の発行する雑誌で、2009年の秋に創刊号が発行され、年に1から3度ほどの発行が続いています。記事は英語と韓国語で書かれ、国立中央図書館の協力で企画された海外の図書館プロジェクトについてや、国際的な図書館同士の協力などをテーマにしています。私は英語で記事を書き、雑誌の担当者が韓国語の翻訳に対応して下さいました。この記事には、当時働いていたワシントン大学セントルイスに就任したときにほぼゼロだった韓国語の蔵書を4000冊にするまでの過程について書きました▶6。

　次に書いたカレントアウェアネスへの「米国の図書館就職事情」という記事は、国立国会図書館の知り合いの方が、米国の図書館の就職事情に興味を持って下さり、カレントアウェアネスの編集担当の方とつないで下さったのでした。編集の方は、米国のベイビーブーマー世代の一斉退職が本当に懸念されているのかに興味をお持ちだったので、そのことと併せて、記事を仕上げました▶7。

　3本目の記事は共著で、2015年3月の ACRL で発表した仲間たちと、発表内容であった有色人種のライブラリアンと彼らのアイデンティティ形成についての論文▶8 でした。ちなみにこの記事の掲載された In the Library with the Lead Pipe（図書館にて鉄パイプで）という雑誌の名前は、米国人なら誰でも知っているという Clue というボードゲームにちなんでいます。このゲームは、

どこで、誰が、どのような凶器で殺人を犯したかを突き詰めていくゲームですが、真相を突き詰めたプレイヤーは「図書館にて鉄パイプで」などと予測した場所と手法を発表するのです。この一風変わった名前の雑誌はれっきとした査読雑誌ですが、図書館周りの問題にモノ申す記事が多いです。

また共著で本の1章を担当したのも、有色人種のライブラリアンをテーマにしていました。第4章で紹介したミネソタ・インスティチュートという、マイノリティライブラリアンを対象にしたリーダーシップ研修で出会った仲間と執筆したものです。この本は、In The Librarian Stereotype: Deconstructing Presentations and Perceptions of Information Work というタイトルで、ライブラリアンのステレオタイプを取り払うべく、一般的に想像されるライブラリアン像（白人中年女性でダサいイメージ）からはかけ離れたライブラリアンについて分析する内容となっています。私たちの章は、人種、民族、職業といったアイデンティティ形成要素が、有色人種のライブラリアンたちのアイデンティティ形成過程でどのように絡み合っているかを分析しています▶9。また別の章では、ゲイのライブラリアンについて、またライブラリアンのファッションや、実は多くのライブラリアンの身体に彫られているタトゥーについても書かれています。

3. メンタープログラムが支えになる

これまでキャリアステップについて書いてきましたが、このプロセスのなかで、大きな支えになってくれるのは、同僚や先輩ライブラリアンたち、そしてメンターの存在です。メンターとは仕事上の相談に乗ってくれる助言者役のことです。メンターの助言を受ける者をメンティーと言います。メンティーより経験のあるライブラリアンがメンターとなります。ALA が提供しているメンタープログラムのリスト▶10 には10以上のメンターシッププログラムが載せられていて自分の立場に合ったものに応募することができます。新卒のライブラリアンだけでなく、館長になって1年目のライブラリア

ンを対象としたものや、メディカルライブラリアンなど職能に限ったもの、アフリカン・アメリカンやヒスパニック系米国人グループのライブラリアンを対象としたものなど、さまざまな背景やレベルのライブラリアンをサポートする仕組みができています。このリストに掲載されているものは ACRL や LLAMA（Library Leadership and Management Association）など ALA 管轄グループがアレンジしているプログラムのみですから、この他にも地域や職能ごとにメンタープログラムが存在しているのではないかと思われます。

　例えば、CEAL でもメンタープログラムを用意しています▶11。東アジア図書館という特殊な環境で生き残り、仕事をしていく上で必要な支援は、やはり、同じ分野のメンターから受けるに越したことはありません。

　また大学図書館内にもメンタープログラムがあります。以前の職場では図書館が自分の職能に合ったメンターを 1 人割り当ててくれました。その時は私の仕事に日本語資料の目録作業が多かったためか、外国語資料を扱うカタロガーとマッチングしてもらいました。その人とは時々ランチをしながら職場の「歩き方」（どういうプロジェクトをするときは誰に頼めば良いなど）を教えてもらったり、学会に行くときの注意事項や、教授たちとどう接するかなど、色々とアドバイスをしてもらうことができました。私も数年その図書館で働き、プロモーションを得たあと、メンティーが割り当てられました。私よりだいぶ年上のスタッフでしたが、長年金融機関で働いた後、ライブラリスクールに行って図書館界に転職してきたライブラリアンで、私がメンターから教えてもらったことをお伝えすることになりました。

　今の職場ではメンターはリクエスト制でした。そしてこの図書館では 2 人のメンターが割り当てられることになっていました。支援のフォーカスは、日々の仕事についてというよりも、この章の冒頭で書いたプロモーションのプロセスに対してが大きい印象です。どのタイミングでどこまでキャリアの階段を登りたいか、そのためにこれまでしてきたことの何が役立ち、何が足りていないのか、いつまでに何をしなくてはならないのかなど、的確なアドバイスをもらうことができます。これらのメンターは全て、終身雇用のハー

ドルを超えたベテランのライブラリアンたちで、大変頼りになります。

4. おわりに

　サブジェクト・ライブラリアンのキャリアパスに関して言えば、新卒の新しいライブラリアンでサブジェクト・ライブラリアンになるには、そのサブジェクトでとても有名な大学の図書館よりそのサブジェクトの学部が中堅以下の大学の図書館でキャリアをスタートさせ、経験を積んだ上で、その学部がより強い大学の図書館に異動するというパターンがよく見受けられます。

　また、サブジェクト・ライブラリアンとして小さなコレクションから全米トップのコレクションまで異動をして退職する人もいますし、サブジェクト・ライブラリアンからそのサブジェクトの学部図書館（例えば東アジア図書館）の館長になるというルートもあると思います。サブジェクト・ライブラリアンから、何かしらのマネージャーレベルの仕事に落ち着いて退職することになる場合もあるでしょう。もちろん、情報関係の会社を始める人もいれば、出版社や図書流通関係、またはデータベースの会社に転職するルートもあり、なかなかフレキシブルな職なのではないかと思います。

▶注

［1］アーカイブ資料を整理する際に作成する資料の説明書。資料一点一点の所蔵場所、ファイル名、内容や年代などが記載されている
［2］ Finlay, S. Craig., Chaoqun. Ni, Andrew. Tsou, and Cassidy R. Sugimoto. "Publish or Practice? An Examination of Librarians' Contributions to Research." *Portal: Libraries and the Academy* 13, no. 4 (2013): 403-21.
［3］ Walters, William H., and Esther Isabelle Wilder. "Disciplinary, National, and Departmental Contributions to the Literature of Library and Information Science, 2007–2012." *Journal of the Association for Information Science and Technology* 67, no. 6 (2016): 1487-506.
［4］ Connor, Elizabeth. *An Introduction to Staff Development in Academic Libraries*. New York: Routledge, 2009, 81.
［5］ Connor, Elizabeth. *An Introduction to Staff Development in Academic Libraries*. New York: Routledge, 2009
［6］ Tanaka, Azusa. "The Korean COllection at Washington University in St. Louis." *Trends in*

Overseas Korean Studies Libraries 3: 1-28.

［7］田中あずさ「米国の図書館就職事情」カレントアウェアネス, 2011 年（通号 no.307-no.310: CA1735-CA1761）http://current.ndl.go.jp/ca1737

［8］Juleah Swanson, Ione Damasco, Isabel Gonzalez-Smith, Dracine Hodges, Todd Honma, and Azusa Tanaka. "Why Diversity Matters: A Roundtable Discussion on Racial and Ethnic Diversity in Librarianship." *In the Library with the Lead Pipe* , 01 July 2015.

［9］Gonzalez-Smith, I., Swanson, J., and Tanaka, A. "Unpacking Identity: Racial, Ethnic, and Professional Identity and Academic Librarians of Color." *In The Librarian Stereotype : Deconstructing Perceptions and Presentations of Information Work*, edited by Pagowsky, Nicole, and Rigby, Miriam. Chicago: Association of College and Research Libraries, 2014.

［10］http://www.ala.org/educationcareers/mentoring/mentoring_and_recruitment_efforts

［11］http://www.eastasianlib.org/cmb/index.htm#Mentor

変わりゆくライブラリアンの仕事と環境

　学術図書館は大学の方針、カリキュラム、利用者のニーズ、大学の財政などに常に影響されています。サブジェクト・ライブラリアンも、図書館外からの要素に対応しながら仕事を続けることになります。

　本章では、複数の学問領域・大学を担当せざるを得ない状況、多様性をめぐる問題、増加する留学生への対応、デジタル人文学、変化する利用者像と図書館、授業の変化と図書館、電子化時代の選書、就職問題など、最近のサブジェクト・ライブラリアンをめぐる動きやトレンドをトピック形式で紹介していきます。

1. 1人で複数の学問領域・大学を担当する

複数の学問領域を担当する

　近年、1人のライブラリアンが複数の学問領域を担当するという傾向が見られるようになってきました。

　日本関係サブジェクト・ライブラリアンの応募要項を見てみます。近年ではカリフォルニア大学サンディエゴ校の Subject Librarian for Japanese and Korean Studies ▶1 やペンシルバニア大学の Japanese Studies Librarian ▶2 がありましたが、詳しく見ていくと、カリフォルニア大学サンディエゴ校の方はポジションの名称からもわかるように日本研究と韓国研究を担当するサブジェクト・ライブラリアンの募集でした。もともとこの募集は日本研究のサブジェクト・ライブラリアンの退職によって行われたものでしたが、募集要項には最低条件として韓国語能力が入っており、日本語能力は「あると望ましい」

条件になっていました。このことから韓国研究の支援に重きを置いた募集であることがわかります。ペンシルバニア大学の方は、日本研究の担当で、韓国の研究支援ができると望ましいとありました。

複数の大学を担当する

　また、日本研究のサブジェクト・ライブラリアンたちが1人で数校の日本研究をサポートする例も出てきました▶3。イリノイ大学で日本研究コレクションの担当をしていたあるライブラリアンは、2010年8月から近隣州にあるウィスコシン大学とミネソタ大学での業務の兼任をはじめ、拠点のあるイリノイ大学50%、他の大学25%ずつの割合で選書やレファレンス・サービスを提供し、拠点外の研究者に対してはメールやテレビ電話で対応していたということです。

　マサチューセッツ大学アマースト校の日本研究ライブラリアンも、2005年頃から1人で、同州にあるスミス・カレッジ及びアマースト大学の日本語コレクションへのサービスも提供しており、購入、目録作成、レファレンス、図書館教育（library instruction）などを担当しているそうです。

2. 多様性—ジェンダー・人種・マイノリティ等—が 求められている

なぜ求められているのか

　ライブラリアンといえば白人の女性というステレオタイプがあると第3章で述べましたが、実際には留学生や人種的・民族的マイノリティの大学進学が進み、これまでの白人利用者中心のサービスの提供の仕方を多様な利用者へのそれに変えていく必要がでてきています。

　2012年のALAの『図書館専門業種におけるジェンダー、人種、年齢、障がい総合調査（comprehensive study of gender, race, age, and disability in the library profession）』▶4によると、非白人のアカデミック・ライブラリアンの数は全

194

体の13.9％で、ALAの行う多様性調査（DIversity Counts）▶5の2000年から2010年の推移をみると、非白人ライブラリアンの割合は、0.5％とわずかではありますが、減少していました。ちなみに、2000年から2010年の米国の人口統計▶6によると、非白人の人口は20.5％増加しており、2001年から2011年の非白人の学生の大学進学率は56％も増加しています▶7。このように国全体として、また大学の学生人口も急速に多様化しているにもかかわらず、ライブラリアンがいまだに人種的・民族的に白人中心であることが憂慮されています。学術図書館におけるライブラリアンの多様性はどうして大切なのでしょうか。

　マイノリティのライブラリアンであれば、家族のなかで初めて大学に進学し、その苦労を経験している場合もあり、似たような境遇を共有する学生の不安や悩みを理解し、それに対応した図書館サービスを企画することができるかもしれません。また民族・人種的マイノリティーの学生は、マイノリティのライブラリアンには近づきやすいという研究もあります。有色人種の利用者の同人種と白人ライブラリアンへの親しみやすさについて調査した研究によると▶8、有色人種の利用者は、同じ人種のライブラリアンに親しみを感じるが、白人の利用者が感じる親しみやすさの度合いは、ライブラリアンの人種によらないという結果でした。マイノリティの学生がキャンパスに増えているなか、マイノリティのライブラリアンの存在が必要とされて来ていると言えそうです。

　大学は問題や課題を研究し答えを探索する場です。人類が何百年も信じて来た常識をくつがえしたり、夢のような発見が生み出される場です。そのような多種多様な可能性が生まれる研究機関の中心的存在である図書館が、単一的なのは理想的だとは言えません。そのような背景もあって、人種的・民族的にだけでなく、セクシャリティや年齢、障がいなどさまざまな背景を持った学生、また高校を卒業してすぐに入学した学生だけでなく、退職後大

学に入学してくる学生、退役軍人で大学に戻ってきた学生など、さまざまな
学生に最適なサービスが提供できるような取り組みが米国の各学術図書館で
始まっています。

全国図書館多様性会議 （National Diversity in Libraries Conference）

　第3章でもふれましたが、このような図書館での多様性をテーマに集まる
のが全国図書館多様性会議（National Diversity in Libraries Conference）です。私は
2016年8月の会議▶9で発表する機会を得て参加しました。その年のテーマ
は「多様性受け入れへの架け橋（Bridges to Inclusion）」で、図書館、公文書館、
美術館のスタッフ、利用者、そしてそれぞれの機関での多様性受け入れの問
題や試みについて話し合われ、多様性実現のための戦略を考える会議となり
ました。

　この会議で出席したセッションでは、留学生利用者のジレンマを疑似体験
すべく、足し算、引き算、割り算、掛け算の記号を、「＋は÷と読む」など
と入れ替えて、1＋2といった簡単な計算を解くという練習が扱われたり、
障がい者の雇用者が図書館にいないまま、図書館の設計をするとどうなるか
考えるグループワークもありました。また、マイノリティのベテランライブ
ラリアンのパネルでは、白人中心の職場環境でどのように活躍し、生き残る
ことができたかを語るものもありました。

　私の発表グループは、アイデンティティ論について紹介し、ライブラリア
ンや図書館の利用者の、図書館での仕事や利用体験を通したアイデンティ
ティ形成の経緯について話しました。

図書館に続々と設置されるダイバーシティ委員会 （Diversity Committee）

　アカデミック・ライブラリーでの多様性が重要視されはじめたことをう
けて、大学図書館内にダイバーシティ委員会（Diversity Committee）を設置する
機関もめずらしくありません。ALAにもCommittee on Diversity▶10があり、
ACRLでもRacial and Ethnic Diversity Committee▶11を置いて、多様化に関

する問題やトレンドを検証し支援やガイドラインなどを提供しています。ACRL は 2012 年に「多様性規格：学術図書館における文化的能力（Diversity Standards: Cultural Competency for Academic Libraries)」▶12 を設定し、「自文化と他文化への気づき（Cultural awareness of self and others)」、「異文化の知識と知る能力（Cross-cultural knowledge and skills)」、「組織と職能価値（Organizational and professional values)」、「蔵書構築、プログラム、サービス（Development of collection, programs, and services)」、「サービスの多様化（Service delivery)」、「言語の多様化（Language diversity)」、「職員の多様化（Workforce diversity)」、「組織の原動力（Organizational dynamics)」、「異文化リーダーシップ（Cross-cultural leadership)」、「専門家育成と生涯学習（Professional education and continuous learning)」、「研究（Research)」の 11 分野について、図書館の多様化に役立つ指針を示しています。

なぜマイノリティのライブラリアンは少ないのか

　さて、そもそもなぜ民族的マイノリティのライブラリアンは少ないのでしょうか。

　マイノリティのライブラリアンが少ない理由としては、移民の家族にとってライブラリアンという職が輝かしくないことが挙げられるかもしれません。アメリカンドリームを追って米国に移民して来た家族の子供がせっかく大学に行けるとなったとき、家族は子供に医者や弁護士を目指して欲しいと思うのかもしれません。またライブラリアンになるためには大学院まで進み少なくとも図書館情報学修士 MLIS を取得しなければなりません。このことは、マイノリティライブラリアンのハードルになりうるという意見があります。そこで、ARL ではマイノリティの学生を図書館業界にリクルートするためのいくつかのプログラム▶13 を実施しています。

　例えば、特に多様化が遅れているという音楽・公演芸術図書館で活躍するライブラリアンの育成を目指す ARL の「音楽図書館協会多様性受け入れ施策（Music Library Association（MLA）Diversity and Inclusion Initiative（DII)）」というプログラムは、マイノリティの学生のライブラリー・スクールの学費を支援し、

卒業後には、パートナーの音楽図書館での最長1年までの有償インターンシップの機会を提供しています。また、「多様な職員を雇用する施策（Initiative to Recruit a Diverse Workforce（IRDW））」というプログラム▶14 は、学術図書館やアーカイブスでの就職を目指すマイノリティの学生のライブラリー・スクール在学中の奨学金と学外での研修の参加費用を援助しています。

3. 増加する留学生に対応する

留学生の母国語で図書館ワークショップを開催

　米国における留学生の数はこの10年で年々増加傾向にあります。国際教育協会（Institute of International Education）の統計▶15 によると、2006年に564,766人だった留学生数は、2015年には974,926人と、41万人（42%）の増加となっています。ちなみに、日本における留学生数はこの10年ほど、13万人前後を保っています（図1）。

　留学生数の増加にともない、大学図書館でも留学生の利用者へのサービスがはじまっています。ワシントン大学では、留学生オリエンテーションの期間中、日本、中国、韓国からの新入生を対象に、彼らの母国語で図書館ワークショップを開催しています。閉架式の図書館が当たり前の国からやってきた留学生は、書庫に自由に入ることが許されていることを知り驚きます。

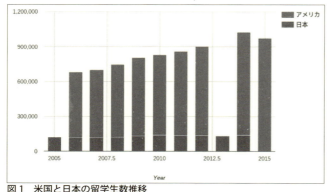

図1　米国と日本の留学生数推移

また貸出冊数に限度があることの多い日本の図書館に慣れた日本からの留学生は、米国の大学図書館では何冊でも借りることができるという

図2　ワシントン大学の留学生及び英語学習者支援サブグループサイト
http://guides.lib.uw.edu/bothell/esl
International Student/English Language Learners (IS/ELL) Subcommittee

ことに驚くようです。また24時間開いている図書館があること、各分野ご
とにライブラリアンがいること、大学内に専門図書館が何件もあることも新
鮮なようです。

ワシントン大学図書館の取り組み

　ワシントン大学図書館では、教育学・第二外国語研究のライブラリアンが
留学生支援を担当し、そのライブラリアンのLibGuideのページ（図2）には、
留学生が米国の大学図書館を利用する上で有用な情報をまとめています。例
えば、学生証が貸出カードであることが説明されていたり、また授業や図書
館で使われる専門用語（periodical, dissertation, encyclopedia など）をまとめたリン
クを貼ったり、貸出可能な資料とそうでないもの（参考図書は図書館内のみ利用

可など）の説明などもなされています。

　私が参加しているティーチング＆ラーニング支援委員会（Teaching and Learning Group）も、留学生の増加を受けて、留学生及び英語学習者支援サブグループ（International Student/English Language Learners (IS/ELL) Subcommittee）をつくりました。留学生利用者の図書館利用状況を調査したり、その調査結果に基づいた支援サービスづくりに取り組んでいます。

　例えば、留学生利用者に特化したテーマのワークショップを企画したり、ライティングセンターでは文法の間違いを直さないことが英語を母国語としない利用者には不十分だという声を受けて、図書館で何ができるのか検討しています。

4. デジタル人文学を支援するために

　デジタル人文学が日本でも普及しはじめているようですが、米国の図書館でも支援がはじまっています。人文学をデジタルの力を利用して効率よく研究し、その研究結果をシェアしていこうという試みに対して、図書館は有用なソフトウェアを購入したり、利用についての講座を開いたりしています。学問領域ごとのライブラリアンたちも、利用者にこうしたテクノロジー利用をうながすべく、自分たちでもワークショップや研修に出掛けてスキルを磨きます。Digital Humanities Summer Institute ▶16 というデジタル人文学をテーマにした１〜２週間のワークショップが、カナダにあるビクトリア大学で、毎年夏に開催されています。第４章で述べた通り 2015 年のワークショップには私も参加し、１週間 SQL（プログラム言語）の講義をとり、データベースづくりの基礎を学びました。１週間でプログラマーになることはできませんが、SQL で何ができるのかある程度理解できるようになると、データベース構築の機会があったときに、プログラマーなど専門家への仕事の依頼がスムーズに進められるかもしれません。

　第４章で述べた ARL Digital Scholarship Institute（ARL デジタル・スカラーシッ

プ研修）のように、ライブラリーに特化したプログラムも開催されるように
なって来ています。

5. 変化する利用者に対応するために

デジタルネイティブとデジタルイミグラント

　1980年以降に生まれた人々はデジタルネイティブ（Digital Native）と呼ばれ
ています（それ以前はデジタルイミグラント〈Digital Immigrants〉）。現在高校を卒業
してすぐに大学に入学してくる学生はデジタルネイティブの世代で、デジ
タルイミグラントとはまったく異なる勉強方法、人との関わり方をします。
彼らはインターネットのアクセスやモバイル機器の存在に慣れていますし、
ソーシャルネットワーキングを頻繁に使い、商品の入手のスピードにこだわ
り、仕事と遊びとのマルチタスクができる世代です。こうした利用者のニー
ズに対応するサービスをライブラリアンは提供しなくてはならなりません▶
17。

　その際に注意すべきなのは、デジタルネイティブ世代でも、実はインター
ネットやデジタル製品に慣れ親しんで育ったわけではない利用者も一定数い
ることです。低所得層だったり、移民や移民の両親の元で育った背景を持つ
若者は特にそうだと考えられます。また、図書館側にも、デジタルネイティ
ブのライブラリアンが登場しはじめ、デジタルイミグラント世代と共存する
ことになると、価値感や働き方の違いも出てくるということを念頭におかな
ければなりません。

学生の多くは世の中に存在する全ての情報はインターネット上にあると考え ている

　この数年、図書館ワークショップを開催して気がつくことは、学生の多く
が世の中に存在する全ての情報はインターネット上にあると考えているとい
うことです。確かに多くの英語の資料は電子化されオンラインでアクセスす

ることが可能ですが、Google 検索でみつけたものが、信憑性のある情報とは限りません。また日本の資料は逆に電子版がインターネット上でアクセスできることはまだ少ないです。日本のインデックスデータベースの使い方講座などで、さあ、この記事がこの雑誌に掲載されていることがわかりました、次はどうしますか？と問うと「頑張ってネットで探す」と答えが返って来ます。インデックスデータベースなどで読みたい日本語の記事を見つけた学生は（他の国と比べると日本語の記事は英語のものと違ってフルテキストがデータベースやオンラインでアクセスできることはほぼ無いので）その記事の載っている雑誌を見つける必要がありますが、学生のメンタリティとしては、どうしてもオンラインで探したいようです。書庫へ行き、紙媒体を探すのは手間も時間もかかりますし、宿題も読み物も日本の大学とは比べ物にならない量と日々格闘している学生たちはとてもがっかりするようです。

　また、広報1つとっても、デジタルネイティブとデジタルイミグラントが混在する利用者グループを考慮する必要があります。物理的な広報の仕方（ポスターやチラシ）だけではポスターやチラシが掲示された図書館に来ないグループ層には情報が届きません。また図書館に来てそれらの情報を目にしても、最近の若い利用者は紙の情報を持ち歩くのを嫌い、チラシを携帯電話（スマートフォン）のカメラで写真に撮って行く様子が見受けられます。また、それらの利用者を念頭においてソーシャルネットワークで情報を提供すると、今度はネットで情報を集めない利用者層の目にはとまりません。現在はデジタルネイティブとデジタルイミグラントが共存する特異な時代と言えるかもしれません。

6. 授業の方法が変われば図書館も変わる

フリップドラーニング（Flipped Learning）とアクティブラーニング（Active Learning）

　大学の授業の方法が変われば図書館もそれに対応します。オンラインの授

図3　ワシントン大学学部図書館内に2つあるアクティブ・ラーニング・クラスルームの1つ

業が増えれば、キャンパスに来ない学生が増えるということで、図書館では
オンラインで資料を提供したり、オンライン・レファレンスにこたえること
になります。また、最近増えているのが、「フリップドラーニング」(Flipped
Learning) や「アクティブラーニング」(Active Learning) です。従来は教室に来
て講義を受けたあと、それぞれに宿題をするというのが一般的でしたが、オ
ンラインで講義を見たり、グループや個人で教科書を読んでから授業に来て、
宿題や演習を教員やクラスメートと一緒に行うというスタイルが出てきてい
ます。こうした変化を受けて、図書館は教員たちがこのようなオンライン講
義のビデオ作成を手伝ったり、学生にビデオなどをストリームする教育環境
などを提供したり、また、ライブラリアンがそうしたクラスに図書館講座を
教えに行く際にも同じようにフリップドラーニングスタイルを活用すること
も考えるようになるはずです。

遠隔学習支援ライブラリアン

　またオンラインプログラムも増えているなかで、学生が大学に来なくても図書館の資料やサービスが使えるような工夫や取り組みもはじまっています。例えば、遠隔学習支援ライブラリアンなどは、オンラインチャットなどによるレファレンスサービスをはじめとした遠隔利用者に対するサービスを担当するライブラリアンです。学生が図書館に来なくても資料が提供できるように、書籍や雑誌の購入をできる限り電子版にしている図書館もあるようです。

　学生がオンラインで資料を調達したり、レファレンスもメールやチャットで済ませることができるようになってきてはいますが、オフィスに来て質問する学生が減少しているようには思いません。毎日のように学生がオフィスに現れます。そして30分から1時間程度、研究テーマについて話したり、研究の方向性をブレインストームしたり、必要な資料を一緒に探すことになります。資料は素早く簡単にオンライン経由で入手し、簡単な質問はオンラインで聞き、混み入ったことはライブラリアンと面と向かって相談するといった具合に、今の学生たちは最適なツールを使い分けているのではないかと思います。

7. 電子化時代の選書—PDA（利用者主導型購入方式）とライブラリアン—

　ほとんどの学問領域の資料が電子化が進められ、ライブラリアンたちは、電子でも紙でも資料が買えるようになってきています。私も米国で出版されている資料を注文する際には、ほとんどが紙か電子を選べる状況なので、利用者の顔を浮かべて、その人が電子で読むのを好むのか、紙なのかを考えたり実際に利用者に好みを聞いて注文しています。PDA（利用者主導型購入方式。Patron Driven Acquisition）など、利用者が自ら必要な本をリクエストし、リクエストに応じて資料の購入をする方法を導入する図書館もあり、サブジェクト・ライブラリアンたちが利用者の研究に応じて資料を揃えておくという時代は

終わるのかもしれません。日本研究に関して言うと、電子図書は他の学問領域に比べて圧倒的に少なく、また PDA に対応しているコレクションもほとんどないので、いまのところ、一点一点選書して資料を購入しています。

　電子化が進み、利用者が選書をするようになっても、ライブラリアンには、資料を厳選、整理、公開するスキルはますます必要となってくるでしょう。Google Books にはちょっとした大学図書館の蔵書数をはるかに上回る数の本が存在しています。またアマゾンなどでは電子図書の自費出版がいとも簡単にできてしまいます。インターネット上には既にありとあらゆる質の情報が存在し、図書に関しても査読や編集も行われていないさまざまな性質のものが大量に出回りつつあります。このような時代であるからこそ、ライブラリアンの選書の力が発揮でき、選りすぐりの資料が集められた図書館に行けば信頼できる資料にありつける、という利用者の信頼が得られる図書館を創ることができるのではないでしょうか。

▶注

［1］ https://apol-recruit.ucsd.edu/apply/JPF00559
［2］ http://www.library.upenn.edu/docs/hr/Japanese_Korean_Librarian_2012.pdf
［3］ 田中あずさ「米国の図書館就職事情」カレントアウェアネス、2011 年（通号 No.307-No.310：CA1735-CA1761）http://current.ndl.go.jp/ca1737
［4］ American Library Association, "Diversity Counts," *American Library Association*, www.ala.org/offices/diversity/diversitycounts/divcounts (accessed April 25, 2014).
［5］ American Library Association, "Diversity Counts 2012 update," Table A-5: Number of Higher Education Credentialed Librarians by Characteristic, 2009-2010 and Table B-5: Number of Higher Education Credentialed Librarians by Characteristic, 2000, www.ala.org/offices/ sites/ ala.org.offices/files/content/diversity/diversitycounts/diversitycountstables2012.pdf (accessed November 29, 2017)
［6］ United States Census Bureau, "White Population: 2000 and 2010," The White Population: 2010, table 1, http://www.census.gov/prod/cen2010/briefs/c2010br-05.pdf (accessed November 29, 2017)
［7］ Kim, Young M. "Summary of 2011 Update." Minorities in Higher Education: Twenty-Fourth Status Report 2011 Supplement, 2-3. https://diversity.ucsc.edu/resources/images/ace_report.pdf (accessed November 29, 2017)
［8］ Bonnet, Jennifer and Mcalexander, Benjamin. "Structural Diversity in Academic Libraries: A Study of Librarian Approachability." *The Journal of Academic Librarianship* 38, no. 5 (2012): 277-86.

［9］ http://ndlc.info/

［10］ http://www.ala.org/groups/committees/ala/ala-minconcul

［11］ http://www.ala.org/acrl/aboutacrl/directoryofleadership/committees/racialethnic

［12］ http://www.ala.org/acrl/standards/diversity

［13］ http://www.arl.org/leadership-recruitment/diversity-recruitment#.VVkoRTY4nTZ

［14］ http://www.arl.org/leadership-recruitment/diversity-recruitment/initiative-to-recruit-a-diverse-workforce-irdw#.V7qJ2k0rKVM

［15］ http://www.iie.org/Research-and-Publications/Project-Atlas#.V7tEsE0rKVM

［16］ http://www.dhsi.org/

［17］ Schippers, Saskia and Mak, Meike. "Creating Outstanding Experiences for Digital Natives." *UX Magazine*, July 24, 2014. Available from https://uxmag.com/articles/creating-outstanding-experiences-for-digital-natives

サブジェクト・ライブラリアンたちへの インタビュー

　ここまで私自身の経験からサブジェクト・ライブラリアンについて書いてきましたが、他の領域のサブジェクト・ライブラリアンたちの視点や経験から彼らの仕事はどのように見えているのでしょうか。最終章は、ワシントン大学図書館に勤務する3人のサブジェクト・ライブラリアンの同僚へのインタビューです。

　登場するのはビジネス・ライブラリアン、数学／物理／宇宙科学ライブラリアン、そして北欧研究ライブラリアンの3人です。社会科学系、理系、人文系と、それぞれ私とは異なる領域を担当しているライブラリアンから、今まで紹介してきた私の経験との違いや共通点に気づかれる点があるかもしれません。

1. ジェイソン・ソコロフ (Jason Sokoloff)【ビジネス・ライブラリアン】

サブジェクト・ライブラリアンを選んだのはなぜでしたか。

　ライブラリアンという職業というより、まずはビジネスという分野に関心を持ったんだよね。ジャーナリストの仕事をしたあと、ニューヨークでビジネス・リサーチの仕事（コーポレート・ライブラリアン）をしていたんだ。マーケティングに必要なビジネス情報を調べるサービスを提供する会社で、メディアやエンターテイメントの分野を担当していた。今ビジネス・ライブラリアンとして使っているデータベースや参考文献を使って、当時はそうした顧客の質問を受けていたんだ。そのうち、調査の仕事がとても好きになった。

でも、こういう仕事を金儲けのためでなく、教育や非営利の場でできたら、と思ったんだ。それで、学術図書館で、ビジネス・ライブラリアンの仕事に興味を持ったわけだよ。

　コーポレート・ライブラリアンの仕事は楽しかったけれど、顧客に情報を提供したらそれまでだよね。大学図書館だと、長いスパンで研究をしている利用者と関わりながら、自分が提供した資料や情報が、どのように使われ、どのような成果を生み出したか見えるよね。それが好きなんだ。それに、ウェブの時代がやってきて、誰でもデータベースやオンライン上の資料が見られるようになって、コーポレート・ライブラリアンの仕事は不安定になると思ったんだ。それでアカデミック・ライブラリアンを目指したんだよ。

ライブラリアンになって何年ですか。

　コーポレート・ライブラリアンをしていたのは 5 年ほどだね。それから、ライブラリー・スクールに行って、MLIS を取得して、その後は MLIS を取得した大学の図書館でプロジェクト・マネジメントの仕事を何年かしていたよ。

ということはコーポレート・ライブラリアンの仕事には MLIS は要らなかったのですね。

　そうだね。それからついにビジネス・ライブラリアンの仕事を見つけて 6 年間働いたんだけど、それは本館にいて、ビジネス・スクールとの橋渡しをする役だった。2013 年にはワシントン大学に赴任して、それ以来ビジネス・ライブラリーに所属しているよ。君と同じ日に着任したよね。

そうでしたね。サブジェクト・ライブラリアンとして手放せないツールはあ

りますか。

　そうだね、良い答えが見つからないな。つまらない答えかもしれないけれどスマートフォンかな。メールをチェックするにも、調査を始めるにも、会議でノートを取るにも、他のライブラリアンやベンダーと連絡を取るにも便利だからね。たくさん便利なデータベースはあるけれど、そのどれか1つを削っても、スマートフォンは死守するよ。スマートフォンを通して繋がることができる同僚や人々が大切だからね。

毎日どんなことをしていますか。

　僕はビジネス・ライブラリーの館長でもあるから、リーダーとしての仕事も多いんだけど、サブジェクト・ライブラリアンとしては、利用者からのレファレンスに答えるのがまず大きい。それから図書館ワークショップを教えたり、教授陣にアウトリーチして、授業のサポートにライブラリアンが何ができるかを確認することだね。ビジネスの研究分野を調べたり、ビジネス・スクールで起きていることを確認したり、学部の人々とコネクションを築くことも多いかな。もちろん、コレクション構築も大きな仕事だね。サブジェクト・ライブラリアンによっては、アプルーバル・プランを使うと思うけれど、ビジネスという研究分野は他の学問領域にまたがるから、なかなか本の件名（サブジェクト・ヘディング）などで購入希望を出すことは難しいよ。だから1冊1冊選書している。これに関係して、ベンダーとのコミュニケーションも仕事の一部となっているよ。高価な資料を購入・購読するときに他のサブジェクト・ライブラリアンと連絡をして、協力して購入したりと、調整の仕事も大きいね。ここでスマートフォンが登場するわけさ。リサーチ、授業、コレクション構築が大きな仕事だね。でも自分の仕事も半分はアウトリーチに使っていると思う。それから委員会の仕事、また館長として報告書を書いたり、リーダーの仕事も多いよ。資金集めのために地域のドナーと会ったり、図書館としてのニーズを発信するのも仕事の一部だよね。

サブジェクト・ライブラリアンとして好きなところは何でしょうか。

　利用者を助けられるところ。利用者が知らないことを教えて満足してもら

えるところ。それからリサーチに限らず問題を解決するタイプの仕事が好き
なんだ。図書館で何か機能していないところを改善するとか。それからビジ
ネスという領域がさっきも話した通り、他分野にわたるところが気に入って
る。本当に面白い分野なんだよ。子供の頃、牛乳の棚がスーパーの後ろの方
にあって、皆牛乳は必要だから、そこに辿り着くまでに他の商品に目が行
く仕掛けになっていると気づいたときに素晴らしい！と思ったんだよ。そう
やってマーケティングがなされていることが面白いと思った。これは金儲け
のためでなく、社会発展にも繋がっている。ビジネススクールの学生たちが
日々研究していることは、人々の生活の向上につながっているんだ。そのよ
うな研究に関われることに意義があると感じるよ。

サブジェクト・ライブラリアンの仕事は変わって行くと思いますか。

　サブジェクト・ライブラリアンはこれまで利用者の質問に答えてきたよね。
質問に答えたり、解決策を提供したり、これはこれからも変わらないと思う
よ。利用者たちがインターネットで自分で回答できることは増えてきている
し、僕らが提供する情報の種類は変わっていくとは思う。利用者が求めてい
る情報量が変わってきていると特に感じるよ。最近の利用者は、とある会社
の会社情報が欲しいということはまずない。

　それよりも、もっと長期的な会社データが欲しいとか、とある商品に関す
る長期にわたるトレンドや、例えばその商品のハッシュタグがこの数年でど
のように使われてきたか、何か変化があったのか、といった莫大なデータを
探していることが多いし、一般的な参考文献やデータベースに回答がある情
報ではないんだよね。それはビジネス・ライブラリーでも伝統的に集めてき
た情報でもない。

　だから、最近のビジネス図書館系の求人を見ていると、ビジネス・データ・
ライブラリアンなどという募集が多いね。ビジネス・データを買ったり、プ
ログラミングスキルを持って、データを構築したりできる人が必要になって
きているよね。

　新しい情報のニーズはなんだろう。これまでの僕たちのスキル（コレクショ

ン構築、ライセンス、アウトリーチなど）を使って、何ができるか。新しいデータ・
ビジュアライゼーションやデータ・プロキュアメントは1人のデータ・ビジュ
アライゼーション・ライブラリアンがやっていればいいわけではなく、全て
のサブジェクト・ライブラリアンが身につけておかなくてはならないスキル
なのかもしれない。それからデジタル・スカラーシップのような新しいリサー
チの方法を知っておく必要があるね。利用者たちは自分たちでデータを買う
ようになってきている。これは本来図書館が貢献すべき部分だ。ライセンス
取得などは我々の強みだしね。

何か日本の読者にメッセージはありますか

　Ithaka の新しいリサーチ▶1 が面白いよ。人文学の研究者たちの研究のト
レンドについて書いてある。研究者たちはもはや研究資料は自分の研究室に
あると思っているみたいだね。そういう変化に図書館がどう関わっていくか。
考えてみる必要があるね。

▶1　http://www.sr.ithaka.org/publications/rethinking-liaison-programs-for-the-humanities/

2. アニャ・バーテルマン（Anya Bartelmann）【数学・物理・宇宙科学ライブラリアン】

サブジェクト・ライブラリアンを選んだのはなぜでしたか。

　図書館のデザイン的側面や、情報学に興味があったんだけど、大学と大学
院にいるときにサイエンス・ライブラリーでバイトをして、すごく興味を持っ
たんだよね。大学院にいる時、理系のサブジェクト・ライブラリアンはなか
なか求人も出ないし難しいと思った。だから、カタロガーやアクイジション・
スペシャリスト（購入担当者）、といったライブラリアンの仕事に興味があっ
たんだよね。

　大学のときに図書館のカタログ・メタデータの部門でバイトをしてたんだ
けど、その時の上司に、ライブラリアンの職に興味があると言ったら、貸
出部門、購買部門、継続図書、などの部門の仕事を担当させてくれた。数

学は好きだったけど、博士号に進んで教授になる気もなかったし、研究者になるのもちょっと違うと思った。でも数学に接しながら学問の世界にいるにはライブラリアンになれば良いと気づいた。そんな時、たまたま数学のサブジェクト・ライブラリアンの求人が出たの。

　ライブラリアンになって4年目だけど、レファレンスが一番好き。学生から定理を理解するのに助けになる本はあるかといったような質問に答えて彼らの理解の助けになるのはやりがいがある。レファレンスをすれば図書館に必要な本で足りていないものもわかるし。

サブジェクト・ライブラリアンとして手放せないツールはありますか。

　Minimum Abbreviations of Serial Titles, Mathematics ね（写真）。数学分野のジャーナルのタイトルの略語のレファレンスよ。参考文献リストで短縮形で記されている場合、このツールを使えばどのジャーナルのことを指しているのか一目瞭然なのよ。

なるほど、「SCI AM」は「Scientific American」と書いてありますね。
WorldCat で、ワイルドカード・サーチをすれば見つかるジャーナルもあるけど、略式タイトルを記していないことも多いからね。他の分野のものが出ているかもわからないし、電子版も無いし、所蔵している図書館も少ないし、とても貴

重なものよ。

毎日どんなことをしていますか。

　まずオフィスに来たらメールをチェックして、利用者から質問が来ていたら答えるね。あとはミーティングに行ったり、長期的な調査に取り掛かったり。コレクション構築をする日は金曜日と決めているわ。その週に来た出版社からの広告や新刊情報に目を通すの。学部のミーティングや理系ライブラリアンの集まりに行ったりもするね。図書館ワークショップも多いね。準備には1週間はかけるね。オフィスにいる時は常に待機してレファレンスを受けるわよ。あとは学会に行ったり、資金集めをしたり、グラントに申請したり。去年は9つの申請をしたわ。データスタジオで毎週2回オフィスアワーをしているわよ。物理・天文学学部のデータスタジオでね。データ収集やデータアセスメントの質問が多いかな。

　数学図書館の館長としても働いてる。4〜5人の学生アシスタントと、1人のフルタイムのスタッフがいて。私の担当は数学と統計学、物理、宇宙科学で、物理の院生は30人くらい、宇宙科学学は5人、数学は5つのラボがあるから利用者はたくさんいるよ。

レファレンスが好きとさっき言っていたけれど、ライブラリアンの仕事で他に好きなことはありますか。

　あとは学会に行くこと。学会と行っても図書館関係でなく、担当科目分野の学会に研究のトレンドを学びに行くよ。今はMathSciNetというデータベースの検索方法による結果の違いについて研究していて研究発表もそうした学会でしているよ。

　夏には1週間フライデーハーバー島にある海洋学図書館の管理をしているよ。船の上で研究する利用者は電子図書を持っていけないから、紙の本をたくさん揃えています。船に1つ必要なものも多いから、8冊とか一気に買ったりね。夏にはフライデーハーバー島にある海洋学図書館を使う客員の研究者も多いからさまざまな研究者に会えるよ。そうした研究者は、夏しかワシントン大学図書館を使わないから、使い方を案内したりね。普段私はシアト

213

ルにいて、島にいる研究者たちに会えないから夏の1週間の滞在は貴重な機会ね。

数学のレファレンスがどんなものか想像がつかないのだけれど、どんな質問が来るのですか？

　位相幾何学の研究をしている学生がいるとして、定理を理解するためにさまざまな角度からの練習問題や別の説明をしている本を探したりするわね。証明をしたいんだけど何か文献はないか？などという質問も多いね。あとは、英語の論文の中でロシア語の論文が参照されている場合、ロシア語のジャーナル名をそのまま使わず、英語に訳されている場合、ロシア語の論文を探すのに苦労する学生もいたり。そういう手伝いをするよね。

確かに、日本人著者が英語で書いた論文でも、日本語の文献を英訳していて、もとの文献を探すのに苦労することは私も時々経験します。
サブジェクト・ライブラリアンの仕事は変わっていくと思いますか。

　理系図書館がどんどん閉館していることは変化だね。領域に特化したサービスではなく、他領域の学生に役立つプログラムを展開していく可能性があるね。1人のサブジェクト・ライブラリアンがレファレンス、カタログ、コレクション構築を担当した方が良いと思うけど、それぞれの職能分野に分けるという動きもあるよね。これは領域によってどのメソッドが良いか変わってくると思うけど。

　理系と行っても数学と物理では全然違う。数学はまだまだ紙の本が主流だけど、物理は電子資料が多いし、レファレンスもオンラインがほとんど。数学はまだチョークと黒板を使ってるし、午後にはお茶をしながら研究の話をする文化が今でも続いているわ。数学は教室でワークショップをするけど、物理学向けにはオンラインで講座をするよ。データサイエンスや、リサーチデザインなどについての講座が多いね。

日本の読者にメッセージはありますか。

　特定の分野で学生を助けることができるサブジェクト・ライブラリアンのモデルは素晴らしいよ。

3. ダン・マンダビル（Dan Mandeville）【北欧研究・言語学】

サブジェクト・ライブラリアンを選んだのはなぜでしたか。

　もともと、アクセス・サービスかテクニカル・サービスの仕事に興味があったんだけど、ライブラリー・スクール在籍中の最後の学期に、北欧研究の求人が出ると聞いたんだ。学部生のときにお世話になったライブラリアンが、僕が北欧研究で学位を取った後、ライブラリー・スクールに在籍していることも知っていたから、教えてくれたんだよね。とてもニッチな分野で、ほとんど求人も出ないから、サブジェクト・ライブラリアンの仕事につくのは難しいと思って、全く就職活動計画に入れてもいなかったポジションだった。本当にラッキーだったよね。これまで貸出デスクで学生バイトをしてたから、自分はアクセス・サービスかテクニカル・サービスのライブラリアンになるんだと思い描いていたんだよ。

　それに、教えに行くのは恐ろしいことだから、サブジェクト・ライブラリアンはないかなって思っててね。だけど、今はティーチング・ラーニング委員会を率いて教え方を勉強して、乗り越えるよう頑張っているよ。

ティーチング・ラーニング委員会は私もメンバーですが、そのような背景があって委員長をしてくれていたのですね。教えに行くのは苦手意識があるということですが、サブジェクト・ライブラリアンとして好きなことはなんですか？

　図書館内外問わずさまざまな人とネットワークして働く機会があることかな。サブジェクト・ライブラリアンは図書館内ほぼ全ての課の人と働く機会があるし、学部の人々や利用者も多

215

様。これはアクセス・サービスなどにいたら無かったことだね。

毎日何をしていますか

　難しい質問だね。毎日全く違うことをしてるよ。いつも計画なしで過ごしている。1日はメールに始まり、メールに終わるって感じだな。それから、委員会を率いたり、会議も多い。コレクション構築はほぼ年度末に一気にやるよ、締め切り直前にね。毎日決まったパターンはないけど、学期毎の特徴はあるかもしれないな。例えば、夏学期はメンテナンスやプロジェクトの時間。ウェブサイトを直したり、秋学期のオリエンテーションやワークショップの計画をする。秋学期は実際オリエンテーションやワークショップに行くので忙しいね。冬学期は予算の締め切りに備えて、コレクション構築に忙しくなるね。

　君と僕がやっている仕事内容で共通するのは、図書購入出張（Acquisition Trip）に行くことだね。僕は君のようにカタログはしていないよ。地域の利用者の北欧に関するレファレンスの質問に答えることもあれば、北欧の国々から研究者がワシントン大学に来た時のお世話などもするね。それは他のサブジェクト・ライブラリアンはしないことかもしれない。

　僕のもう1つの担当領域は言語学だけど、これも歴史言語学、社会言語学、心理言語学などと多領域にわたる分野だから、多くの知識が必要になる。ACRLワシントン分会の年次会議の実行委員会の仕事もしているし、学会にもたくさん行くよ。研究もテニュアに必要なんだけどなかなか進んでないんだ。

ライブラリアンとして手放せないツールは何ですか

　データベースは絶対手放せないね。でも海外の資料を取り入れるのには、アメリカのデータベース製品は完璧な情報源とは言えない。北欧の国々が提供している電子資料の方が頼りになるよね。自分で作っているLibGuideも自分で好きなように集めたアクセスポイントが集まっていて便利だ。WorldCatもね。それから同僚たちも絶対手放せない。例えばデータライブラリアン、スカラリー・コミュニケーション・ライブラリアンなど、僕が抱

いた疑問に合わせてそれぞれに色々教えてくれる同僚、国際関係のサブジェクト・ライブラリアンも領域が似てるから色々教えてもらう。

サブジェクト・ライブラリアンの領域は変わっていくと思いますか

　僕がライブラリアンになって5年ばかりだけど、やはり変わって行っているよね。自分自身が何かやり方を変えたとか影響を受けたというわけではないけど、北欧の国々からの情報もどんどんデジタル形式になっていっている。全てがオープンというわけではないけど、利用者たちがそうしたオンライン情報にアクセスできるよう手伝うことが増えて行きそう。それからオンラインで授業を受けている学生へのサポートなんかも増えそうだ。あとは、1つの図書館でできることが限られているという考えから、周辺地域（ワシントン州）の機関との協力の機会が増えてきているように思うね。周辺大学の図書館と Uncofrerence を一緒にしたり。少ない資産で多くのことをしようとすると、協力していくしかないからね。アカデミック・ライブラリアンも一般的に、オンラインアクセス、オンラインラーニング、データが登場して、研究のサポートの仕方も変わってきているから我々の働き方も変わっていくよね。

日本の読者へのメッセージは

　北欧の図書館とアメリカの学術図書館の違いは、サービスなんだよね。ヨーロッパの学生がアメリカの図書館に来ると、こんなにサービスしてもらえるのかと驚くんだけど、これは日本の学生もそうみたいだね。それから日本の大学の先生たちにアメリカの図書館サービスについて一緒に話したことがあったよね。飲食 OK に驚いていたよね。アメリカの図書館はもっとウェルカムな環境を提供しようとしている。僕が北欧に留学した時は北欧の図書館は全然開放的じゃなかった。ライブラリー恐怖症を持っている利用者には特に優しくしたいよね。

おわりに

　ワシントン大学図書館では、2017年夏に、サブジェクト・ライブラリアンの現状について評価する集まりがありました。

　サブジェクト・ライブラリアンが存在する利点として、利用者にとっては、図書館に関する質問は全て、所属学科・学問領域専属のサブジェクト・ライブラリアンを連絡窓口として相談できること、学部・学科にカスタマイズされたサービスが提供されること、またサブジェクト・ライブラリアン自身にとっては、その学問領域のコレクションやサービスについて多くの権限が与えられていることが挙がりました。

　一方で、問題点として、サブジェクト・ライブラリアンにとっては、管理を任される学部・学科の規模や仕事量の多さ、また学部図書館に所属すると他の学部図書館や本館との距離ができてしまうこと、また、学部や専門の決まっていない利用者にとっては、学問領域に特化しない、一般的な質問を誰にすれば良いのか迷ってしまうという点が挙がりました。

　このような問題点を考慮して、サブジェクト・ライブラリアンの仕事内容の優先順位の見直しや簡素化を進め、担当学部・学科に必要なサポートを強化する必要を求める声もありました。また、学問領域に特化したサブジェクト・ライブラリアンの存在は残しつつ、学問領域をまたいだ質問を受け付ける柔軟性も必要だという意見が出ました。このためには、ライブラリアン同士がそれぞれのライブラリアンの専門を知り、学問領域をまたいだ質問を受けた際に円滑に連絡し合う必要があるという結論になりました。

このように、米国のサブジェクト・ライブラリアン制度もまだ発展の途上ですが、本書では、アカデミック・ライブラリアンの出現からサブジェクト・ライブラリアンの台頭の歴史、またサブジェクト・ライブラリアンのキャリアや、日々の仕事についてご紹介しました。サブジェクト・ライブラリアンの仕組みが、学術図書館における利用者サポートの最善の形かどうか、特に社会背景も学問の方法も米国とは異なる日本という土壌で有用か否か、読者のみなさんはどう感じられたでしょうか。日本における学術図書館の仕組みを考えるうえで、他国の例の１つとして、本書が何かのお役に立つならば、これほど嬉しいことはありません。

　本書の執筆にあたり、多くの方々に支えて頂きました。まず、この本の執筆を提案し、編集作業をすすめて下さった笠間書院の岡田圭介さんに感謝いたします。また、国際日本文化研究センター情報管理施設資料課の江上敏哲さん、ピッツバーグ大学東アジア図書館のグッド長橋広行さん、カリフォルニア大学バークレー校東アジア図書館のマルラ俊江さん、慶應義塾大学メディアセンター本部の川本真梨子さんは原稿を読んでアドバイスを下さりました。ライブラリアンの道へ導いて下さった大学院時代のライブラリアンのみなさん、図書館学を一緒に学んだクラスメートたち、これまで一緒に働き成長を促してくれた同僚や上司たち。執筆を見守ってくれた友人や家族。このキャリアに就けたのも、執筆を可能にして下さったのも、多くの方々の支えがあったからです。米国での進学をサポートし、夢の実現を可能にしてくれた両親にも、この場を借りて心より感謝の気持ちを捧げたいと思います。

2017 年 11 月 8 日

田中あずさ

サブジェクト・ライブラリアン
海の向こうアメリカの学術図書館の仕事

著者

田中あずさ

Tanaka Azusa

（たなか・あずさ）

同志社女子大学英語英文学科卒業、ワシントン大学国際関係学科修士課程修了、シラキュース大学図書館情報学修士課程修了。ライブラリアンとして、ワシントン大学セントルイス東アジア図書館勤務を経て、2013年よりワシントン大学東アジア図書館にて勤務。

論文「米国の図書館就職事情」（カレント・アウェアネス）、「在米ライブラリアンからみた日本研究」（鴨東通信）、共著 The Librarian Stereotype: Deconstructing Presentations and Perceptions of Information Work 第7章 Unpacking Identity: Racial, Ethnic, and Professional Identity and Academic Librarians of Color（「人種・民族・職業のアイデンティティと有色人種のライブラリアン」）などがある。
詳細は http://jisao-washington.academia.edu/AzusaTanaka を参照。

平成 29（2017）年 12 月 25 日　初版第 1 刷発行

ISBN978-4-305-70860-1 C0000

発行者

池田圭子

発行所

〒 101-0064

東京都千代田区猿楽町 2-2-3

笠間書院

電話 03-3295-1331　Fax 03-3294-0996

web :http://kasamashoin.jp/
mail:info@kasamashoin.co.jp

装丁 笠間書院装幀室　印刷・製本 モリモト印刷